Niederrheinische Küchengeschichte(n)

Rita Mielke

Niederrheinische Küchengeschichte(n)

Das warme Herz des Hauses

Rezepte
Bilder
Erinnerungen

Mercator-Verlag

Bibliografische Information der Deutschen Bibliothek
Die Deutsche Bibliothek verzeichnet diese Publikation in der Deutschen Nationalbibliografie; detaillierte bibliografische Daten sind im Internet über http://dnb.ddb.de abrufbar.

Text: Rita Mielke
Layout: Heike Markwitz

Verlag Fachtechnik + Mercator-Verlag, Duisburg
www.mercator-verlag.de

Druck: Druckhaus Cramer, Greven

ISBN 978-3-87463-417-5

Inhalt

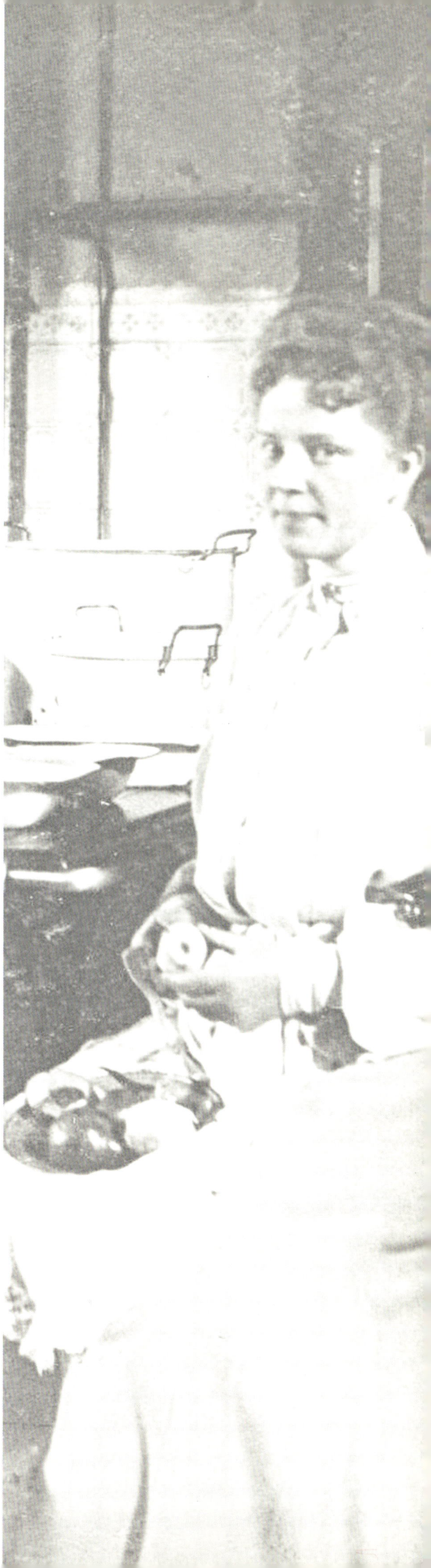

Die Küche ist ein besonderer Ort. Auf hungrige Mägen und durstige Kehlen übt sie eine magische Anziehungskraft aus. Kinder zieht es in die Nähe „cooler" Erfrischungen oder ofenfrischer Leckereien – vielleicht auch nur in die Geborgenheit von Mutters (oder Vaters) Schürzenzipfel. Eingehüllt in den Duft von frisch gebackenem Kuchen oder sanft vor sich hin köchelndem Braten lassen sich wunderbare Gespräche führen. Beim gemeinsamen Kochen können hervorragend Pläne geschmiedet oder kreativer Stressabbau betrieben werden.

Die Küche ist ein Ort

Die Küche ist viel mehr als nur ein zentraler Arbeits- und Funktionsraum innerhalb von Haus oder Wohnung: Sie ist ein Ort der Emotionen, und sie ist ein Ort der Erinnerungen. Die Küche der Kindheit, ihr Inventar, ihre Gerüche, die Familienmahlzeiten am großen Küchentisch und die vielen traditionellen Tätigkeiten „in Herdfeuernähe" – sie begleiten Menschen ein Leben lang. Insofern ist es kein Zufall, dass in vielen Heimatmuseen, auch am Niederrhein, alte Küchen(-einrichtungen), historische Feuerstellen und Gerätschaften des alltäglichen Gebrauchs präsentiert werden: Küche ist auch ein Stück Heimat. Seit einigen Jahren genießt die Küche eine neue Wertschätzung: Dabei spielt die lustvolle Wiederentdeckung des Kochens als kreativer (Freizeit-)Beschäftigung eine ebenso große Rolle wie das Bedürfnis nach den emotionalen Qualitäten, die sich mit diesem Raum verbinden. Kluge Psychologen haben dafür eine einleuchtende Erklärung gefunden: Je globaler die Welt wird, durch die der Mensch tagtäglich jettet, und je abstrakter die Zusammenhänge seines Lebens, desto mehr verlangt es ihn danach, sich emotional zu erden, sich seiner Wurzeln, seiner „Heimat" zu vergewissern. Hier treffen Geschichte und Gegenwart, Traditionen und Innovationen unmittelbar aufeinander.

Vor diesem Hintergrund entstand die Idee, am Niederrhein auf Spurensuche zu gehen nach Kulturgeschichte und Alltagsgeschichten, nach vergessenen Traditionen und scheinbar selbstverständlichen Errungenschaften zwischen Herd, Küchentisch und Vorratskammer. Die Ergebnisse dokumentiert das vorliegende Buch: Es zeigt, dass die Frage, was die Menschen am Niederrhein jeweils gegessen haben, untrennbar verbunden ist mit der Art und Weise, wie sie ihre Nahrungsmittel zubereiteten und sie über längere oder sogar lange Zeit haltbar machten, welche Hilfsmittel ihnen dabei zur Verfügung standen, welche technischen Fortschritte die Arbeit in der Küche erleichtert haben.

Es zeigt auch, wie intensiv gerade in einer ländlichen Region wie dem Niederrhein die emotionale Bindung an das „warme Herz des Hauses" ist: Der in Vorbereitung des Buches in den regionalen Zeitungen gestartete Aufruf, eigene Küchenerinnerungen, -geschichten und -aufnahmen zum Buch beizusteuern, hat unerwartet große Resonanz gefunden. Dutzende von Hinweisen, vielfältiges Fotomaterial und viele eindrucksvolle Geschichten sind bei Verlag und Autorin eingegangen. Sie haben in umfangreicher Weise zum

der Emotionen.

Gelingen des jetzt vorliegenden Buches beigetragen und sorgen für dessen unverwechselbare „Farbe": Denn in ihnen wird niederrheinisches Küchen-Leben anschaulich und lebendig.

All den vielen, die unserer Bitte gefolgt sind, die in alten Fotoalben und Dokumenten gestöbert und in Erinnerungen gekramt haben, sei an dieser Stelle für ihre wertvolle Mithilfe ein herzliches und aufrichtiges Dankeschön gesagt.

Rita Mielke, im November 2007

Die niederrheinische Küche

Spurensuche in einem geschichtsträchtigen Lebensraum

Wir leben in komfortablen Zeiten – auch in der Küche. Im Zeitalter von Hightech und globalisierten Märkten ist rund um Herd, Spüle und Küchentisch fast alles möglich: Wir bringen ein ganzes (Fertig-)Menü dank Gefriertruhe und Mikrowelle innerhalb von Minuten auf den Tisch. Und wir servieren mitten im Winter frische Erdbeeren und Spargel, die eine Reise um die halbe Welt hinter sich bringen mussten, ehe sie auf unserem Teller landen konnten.

Solcher Luxus hat seinen Preis, im Kleinen wie im Großen: ÖkotrophologInnen und ÖkologInnen landauf landab werden nicht müde, uns die Konsequenzen von Fastfood und Convenience-Produkten für Gesundheit und Umwelt und die Anmaßung unserer Ansprüche an (fragwürdige) Frischprodukte rund ums Jahr vor Augen zu führen. Vor einigen Jahren hat sich in Italien eine (Gegen-)Bewegung formiert, die inzwischen auch in Deutschland – und nicht zuletzt am Niederrhein – zahlreiche Anhänger gefunden hat und exemplarisch einen „Wertewandel" dokumentiert: Unter dem Namen „Slowfood" – als Gegensatz zu „Fastfood" – propagiert sie eine neue Wertschätzung für frische, regionale Naturprodukte und unverfälschte Lebensmittel, eine Rückbesinnung auf (fast) vergessene Kochkünste und eine Genießerkultur, die das Kochen ebenso wie das Essen als lustvoll-emotionale „Ankerpunkte" in einer ansonsten nüchtern-versachlichten Welt wiederentdeckt.

Spätestens an diesem Punkt richtet sich der Blick zurück, stellt sich im Hinblick auf die Zeiten vor Tütensuppen, Tiefkühlmenüs und Fertigkonserven die Frage nicht nur nach dem „Was" der vorhandenen bzw. verzehrten Nahrungsmittel, sondern auch nach dem „Wie" der Nahrungszubereitung. So schön es ist, sich auf alte Gemüse- und Obstsorten zu besinnen, Brot und Kuchen selbst zu backen und Fleisch frisch vom Metzger zu holen: Ohne das Wissen um die jeweiligen Verarbeitungsmöglichkeiten und ohne die (Wieder-)Entdeckung all jener Techniken, die frühere Hausfrauengenerationen noch selbstverständlich beherrschten, nützt selbst die üppigste regionale Vielfalt wenig.

So erfährt die Küche als Ort der Nahrungszubereitung, erfahren Küchentraditionen und -techniken, die angesichts des euphorischen Übergangs zu fortschrittlicheren Methoden weitgehend vergessen schienen, neuerliche Aufmerksamkeit. Der Blick zurück in Küchen-Zeiten ohne Kühlschrank, ja, ohne fließendes Wasser oder Elektrizität schärft das Bewusstsein für historische Bedingtheit und macht eine kritische Differenzierung möglich: Lust und Last zeitgenössischen Komforts, Vorzüge und Nachteile heutiger und traditioneller Küchentechniken lassen sich so abgleichen und relativieren. Niemand wird künftig auf Kühlschrank und Gefriertruhe, auf eine schnelle Dosensuppe oder einen Fertigkuchen verzichten können oder wollen. Aber wenn Zeit und Gelegenheit es ermöglichen, mit Familie oder Freunden das eine oder andere leckere Menü aus frischen Produkten zu kreieren, Marmelade selbst herzustellen, einen kleinen Vorrat an sauer eingelegten Gurken, Rote Beten oder schmackhaften Chutneys zu produzieren: Das macht Spaß, schafft ein hohes Maß an persönlicher Befriedigung sowie, nicht zuletzt, das Abenteuer außergewöhnlicher Gaumenfreuden und einer verblüffenden Geschmacksvielfalt. Vielleicht liegt in diesem Neben- und Miteinander ja das eigentliche innovative Potential für den Königs-Küchen-Weg in die Zukunft ...

Küchen-Geschichte am Niederrhein

Zukunft braucht Herkunft: Wenn wir die kulinarischen Errungenschaften der Gegenwart auf den Prüfstand ökologischer und ökotrophologischer Kriterien stellen, ist es hilfreich, einen Blick zurück zu werfen, in Zeiten, als es vieles von dem, was heute (allzu) selbstverständlich erscheint, überhaupt noch nicht gab. Für solch eine Spurensuche erweist sich der Niederrhein als besonders geeignet. Denn die Küche als Raum und alle Tätigkeiten „in Herdfeuernähe" haben in dieser stark ländlich-landwirtschaftlich geprägten Region traditionell einen besonders hohen Stellenwert gehabt. Im Gegensatz etwa zur Küche im großbürgerlichen Haushalt (die vor allem von Dienstpersonal genutzt wurde) und im großstädtischen Mietwohnungsbau (mit zumeist räumlich eng begrenzten Möglichkeiten) waren die überwiegend ländlichen niederrheinischen Küchen immer ein Lebensraum, nicht nur ein Funktionsraum: Hier wurde gekocht, hier wurde Vorratshaltung betrieben – die Menschen auf dem Land waren Jahrhunderte lang Selbstversorger und sind es, zumindest partiell, bis heute. Hier wurde gewaschen und gebadet; hier wurde gemeinsam gegessen, hier wurden die Kinder versorgt, hier traf man sich zum Schwätzchen

Leckere Düfte, wohlige Wärme – in Großmutters Küche fühlten sich nicht nur Katzen wohl.

auf einen Kaffee oder – an langen Winterabenden – zum Geschichtenerzählen, zumindest solange Radio und Fernsehen diese Funktion noch nicht übernommen hatten: Die Küche am Niederrhein war der Ort, an dem Alltag in komprimierter Intensität stattfand.

Darüber hinaus war diese ländliche Küche in ihrer historischen Entwicklung immer eher konservativ: Je weiter weg von den Zentren der Neuerungen (die zumeist im großstädtischen Umfeld lagen), desto nachhaltiger waren das Beharren auf und Festhalten an überkommenen Traditionen. Das mag mit der eher konservativen Haltung der Menschen zu tun haben; es hatte aber schlichtweg auch praktische und technische Gründe – vom verzögerten Anschluss etwa an Gas-, Elektrizitäts- oder Wassersysteme bis hin zum erschwerten Zugriff auf innovative Produkte: Der nächste Händler für moderne Elektroherde oder Kühlschränke, der einem auch noch die neueste „Erfindung“ einer vollautomatischen Kaffeemaschine hätte vorführen können, war in der Regel ziemlich weit weg.

Am Niederrhein hat der Aufbruch in die „Küchen-Moderne“ deutlich später stattgefunden als beispielsweise in Städten wie Berlin, Stuttgart oder Hamburg. Viele Einrichtungsgegenstände und Techniken, die etwa in einer Stadt wie Berlin Anfang des 20. Jahrhunderts längst schon Küchen-Geschichte waren, gehörten am Niederrhein auch noch vor und nach dem Zweiten Weltkrieg zur weit verbreiteten Küchen-Realität. Inzwischen ist diese Stadt-Land-Diskrepanz komplett aufgehoben, haben individuelle Mobilität und moderne Medien für einen rasanten ländlichen Angleichungsprozess gesorgt: Wer heute seine Küche in ein kleines High-Tech-Labor verwandeln möchte, hat dazu alle Möglichkeiten der Welt, egal, ob er im Herzen

Berlins oder auf einem alten, einsam gelegenen Hof zwischen Kleve und Wesel wohnt.

Das ist das Spannende und Außergewöhnliche der niederrheinischen Küchen-Geschichte: Hier haben alle größeren und kleineren Küchen-Revolutionen komprimiert innerhalb eines engen, gut

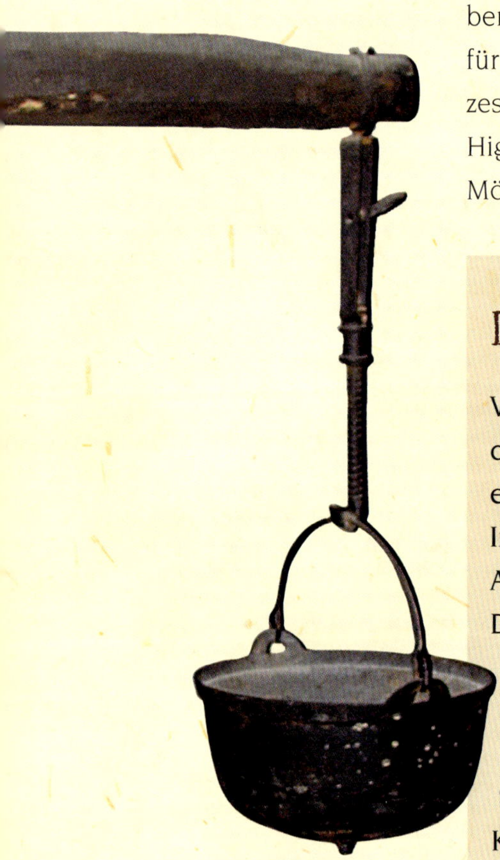

Die Küche – ein technisches Stiefkind

Veränderungen und Entwicklungen rund um den Küchenraum haben vergleichsweise spät eingesetzt, zu einer Zeit, als beispielweise Industrialisierung und Technisierung in der Arbeitswelt schon weit fortgeschritten waren. Das ist schon bemerkenswert: Als die ersten Eisenbahnen sich längst auf den Weg gemacht, die ersten Dampfmaschinen die Textilindustrie (auch am Niederrhein) in Schwung gebracht und die Telegraphie die Kommunikation über Länder und Meere hinweg revolutioniert hatten, herrschten in der Küche bei Kerzenlicht und offenem Feuer immer noch Verhältnisse, die sich von denen des Mittelalters kaum unterschieden. Protagonisten einer Technisierung des Haushalts waren seit Mitte des 19. Jahrhunderts vor allem die Amerikaner – aus naheliegenden Gründen: Weil in den amerikanischen Fabriken in großer Zahl auch Arbeiterinnen benötigt wurden, war es erforderlich, sich um deren Entlastung im Haushalt zu kümmern. Bis diese haushaltstechnischen Errungenschaften Europa erreichten, sollten jedoch noch einmal nahezu 50 Jahre vergehen.

Aber selbst als die Auswahl an modernen Küchengeräten auch in Deutschland längst gewährleistet war, vollzog sich der „Umbau“ der Küche nur sehr zögerlich: In nicht wenigen Familien wurden das erste Motorrad oder das erste Auto früher angeschafft als der erste Elektroherd oder Kühlschrank: Hier prallten offensichtlich Männer- und Frauenwelten und -interessen aufeinander.

Von nun an geht's bergauf: Der Kühlschrank und pflegeleichte Kunststoffe waren in den 1960er Jahren die Ikonen der neuen Einrichtungsgeneration.

überschaubaren Zeitraums stattgefunden, der etwa um 1900 begann und mit gewissen Verzögerungen und Ausläufern bis in die 1960er und 1970er Jahre reichte. Was unsere Mütter und Großmütter noch als Belastung erlebt haben – der verspätete Anschluss an viele arbeitserleichternde technische Möglichkeiten – erweist sich in der Rückschau und für die Spurensuche als Chance: Denn auf historischen Aufnahmen und in den Erinnerungen von betagten niederrheinischen Hausfrauen wird – wie in einem Brennglas – Jahrhunderte alte Küchen-Realität schnell wieder lebendig.

Heute sind nachrückende Hausfrauen- und Hausmännergenerationen am Niederrhein in einer glücklichen Lage: Denn zum einen können sie in so manchem bäuerlichen Hofladen direkt um die Ecke und auf den vielen kleineren und größeren Wochenmärkten Produkte ohne jeden Umweg frisch vom Feld oder Erzeuger kaufen. Gleichzeitig haben sie – mit ein bisschen Glück – die Chance, in Großmutters Keller oder der Vorratskammer der alten Tante noch das eine oder andere unversehrte Küchenschätzchen aufzutreiben, vielleicht ein paar Weckgläser oder dickbauchige Flaschen für köstlichen „Aufgesetzten", einen massiven Fleischwolf oder einen gusseisernen Bräter: Wie spannend zu erproben, wie „früher" Marmelade gekocht, frischer Spinat verarbeitet oder ein köstlicher Sauerbraten hergestellt wurde – und wie vergnüglich zudem, da das alles heute doch unter den Vorzeichen entspannender Freizeitbeschäftigung geschehen kann, ganz ohne den Zwang und die Last der Notwendigkeit, die früheren Hausfrauengenerationen das Leben schwer machte … ■

Mittlerweile hat die Küche ihren technischen Rückstand gegenüber anderen Lebensbereichen wettgemacht, mehr noch: Designer und Techniker haben sie als Spielwiese für kühnste High-Tech-Innovationen entdeckt. Erfahrene Hausfrauen mögen angesichts der Vision von computergesteuerten Kühlschränken, die sich zukünftig selbständig melden, wenn der Milchvorrat zur Neige geht, den Kopf schütteln: Für so manchen (Haus-)Mann fängt dann das wahre Küchen-Leben erst an.
Wundert es da, dass zeitgenössische Beobachter der Entwicklungen rund um die Küche einen Zusammenhang erkennen zwischen der inzwischen faszinierend komplexen Technik in so mancher Küche und der wachsenden (Hobby-)Koch-Lust des männlichen Geschlechts?

Römer, Herren, Bauersleut

Küchen am Niederrhein von der Römerzeit bis zum 19. Jahrhundert

Am Anfang war der Topf, lautet das Credo der Küchenhistoriker. Der Kessel über der Feuerstelle markiert den Ausgangspunkt jeglicher kulinarischer Entwicklung. „Ein Kaninchen, ein Huhn oder eine Taube verlieh der Brühe ein kräftiges Fleischaroma, und der Geschmack von Kohl … würzte noch tagelang die anderen Speisen, aber außer in Notzeiten war immer etwas Heißes, Sättigendes in diesem Kessel …“

(Reay Tannahill, 1983)

Dass gutes Essen Leib und Seele zusammen hält, wussten vor 2.000 Jahren schon die Römer. Entsprechend ausgefeilt war ihre Küchenkultur. Zahlreiche schriftliche Quellen ebenso wie umfangreiche archäologische Funde lassen eine detaillierte Rekonstruktion der Küchenräume und ihrer Ausstattung zu – im römischen Reich selbst wie in den Provinzen, zum Beispiel am Niederrhein: Ummauerte Feuerstellen, flach über dem Boden befindlich oder in praktischer Arbeitshöhe, bildeten das Herzstück der Küche, wurden allerdings – wo möglich – gern auch im Innenhof (Atrium) größerer Hausanlagen errichtet, mit ausreichendem Geruchs- und Rauch-Abstand zum Speisesaal. Kochtöpfe und Kessel brutzelten auf einem Eisenrost über dem Feuer oder hingen in etwas weiterem Abstand an einem Haken.

Je größer der Haushalt und die Zahl des zur Verfügung stehenden Küchenpersonals (Köln zum Beispiel verfügte über eine eigene Vereinigung von Küchenjungen!), desto größer waren die Feuerstellen, desto umfangreicher war das Kücheninventar.

Der Handwerkerhaushalt musste sich gegebenenfalls mit einem vergleichsweise primitiven Feuerplatz begnügen, der allenfalls für einen Topf Platz bot. Wer noch tiefer im sozialen Gefüge stand, konnte von jedwedem eigenen Koch- und Küchenkomfort nur träumen und bezog seinen „puls", einen einfachen Getreidebrei, und sein Brot aus einer Gemeinschaftsküche.

Kochen und Konservieren bei den Römern

Neben den Kochtöpfen aus Ton oder Metall war das wichtigste Arbeitsgerät in der Küche die Reibschüssel mit aufgerauter Innenwand, das so genannte Mortarium. Die Römer liebten Zerkleinertes und Püriertes sehr und benutzten das Mortarium sowohl zum Zerkleinern von Körnern und Getreide aller Art wie auch zum Zerreiben von Kräutern oder zum Anrühren von Saucen. Solche Reibschüsseln sind auch am Niederrhein in großer Zahl gefunden worden.

Ess- bzw. Tafelgeschirr bestand aus Tellern, Schalen und Näpfen sowie Krügen und Trinkbechern. „Besteck" bestand zumeist nur aus Löffeln verschiedener Größe und Formung: Gabeln gab es noch nicht. Messer wurden nicht benötigt, weil die Speisen, so sie überhaupt aufwendiger waren als die normalen Eintopf-Gerichte, schon portioniert serviert wurden.

Auf Liebig's berühmten Sammelbildern präsentierte sich die römische Küche von ihrer komfortablen Seite.

Römische Grießplätzchen

Zutaten für 4 Personen

- 1 L Milch
- 4 EL Butter
- 1 TL Salz
- etwas frisch gem. Pfeffer
- 225 g Maisgrieß
- 3 Eier
- 150 g Reibkäse
- etwas Paniermehl
- etwas Öl oder Butter

Die Milch in einem Topf mit der Butter, dem Salz und dem Pfeffer aufkochen lassen. Den Grieß einrieseln lassen und unter ständigem Rühren zu einem festen Brei kochen. Den Topf von der Kochstelle nehmen und die Eier und den geriebenen Käse unterrühren. Eine große, flache Platte oder ein Brett kalt abspülen, den Grießbrei darauf ein Zentimeter dick verstreichen und auskühlen lassen. Runde oder quadratische Plätzchen ausstechen. Diese in Paniermehl wenden und in heißem Öl oder in heißer Butter goldbraun backen.

Moretum (Käseaufstrich)

Zutaten

- 150 g Schafskäse
- 100 g Frischkäse
- 1/2 TL Koriander
- einige Blättchen Raute
- etwas Rosmarin
- 1 Knoblauchzehe
- 1 Schuss Olivenöl
- 1 Schuss Essig

Koriander, Raute und Rosmarin in einer Schüssel zerkleinern, die Knoblauchzehe dazugeben und ebenfalls zerkleinern. Käse in die Schüssel bröckeln, mit den Gewürzen mischen und das Öl und den Essig dazugeben.

Eindrucksvoll war das Spektrum an Gerätschaften zur Vorratshaltung: Amphoren unterschiedlicher Form – oft mit einem spitz zulaufenden Fuß, mit dem sie in die Erde gesteckt werden konnten – dienten einerseits zum Transport, gleichzeitig zum Aufbewahren von Wein und Öl sowie den beliebten (Würz-) Saucen (‚garum'). So genannte Honigtöpfe konnten an zwei Henkeln aufgehängt und der Inhalt so vor Ungeziefer geschützt werden.

Die im römischen Italien weit verbreitete Methode, Früchte und Gemüse in der Sonne zu trocknen, dann schichtweise in Krüge zu geben und diese, mit Lehm fest verschlossen, in trockenen Lagerräumen aufzubewahren, ließ sich am Niederrhein aufgrund des feuchteren und kühleren Klimas nicht anwenden. Dafür war das Einlegen von Obst und Gemüse in einem Gemisch aus Essig und Salzlake weit verbreitet. Darüber hinaus gab es große Darren, Trockenanlagen vor allem zum Trocknen des

Mustea (römische Süßweinbrötchen)

Zutaten

- 250 g Mehl
- 50 g Quark
- 1 Päckchen Trockenhefe
- 1 cl Süßwein
- 1/2 TL Anis, Kümmel
- 1 MSP Koriander, Salz

Alle Zutaten zu einem Teig verkneten und an einem warmen Ort stehen lassen. 10 runde Brötchen formen, auf einem mit Trennpapier ausgelegten und mit Lorbeerblättern bestreuten Blech bei 200 °C ca. 20 Min. backen.

Getreides, sowie Räucherkammern und -öfen, in denen Fleisch und Fisch haltbar gemacht wurden. Und nicht zuletzt verfügten viele Häuser über gemauerte Keller oder zumindest über große, mit Brettern abgedeckte Erdgruben zur Bevorratung von Amphoren, Krügen und Töpfen sowie von frischem Obst und Gemüse.

Libum

Es ist eigentlich als Beilage gedacht, sehr sättigend und daher auch als eigene kleinere Mahlzeit geeignet.

Zutaten
- 1 Pfund geriebener Käse
- 250 g Mehl
- 1 Ei
- etwas Wasser

Die Zutaten zu einem Teig kneten und Kugeln oder kleine Laibe herstellen, die man auf ein Lorbeerblatt legen kann. Die Brote im Ofen backen, bis der Teig bei der Garprobe nicht mehr an einem eingestochenen Stäbchen kleben bleibt und die Oberfläche schön gebräunt ist.

Tiefstes Mittelalter in der Küche

Mit der vergleichsweise hoch entwickelten Koch- und Küchenkultur hatte es am Niederrhein zunächst einmal ein Ende, als die Römer im 4. und 5. Jahrhundert aus den Provinzen in ihre Heimat zurückkehrten und die Franken, die eher derbe Ackerbauern und Viehzüchter waren, sich des Gebietes bemächtigten.

Die festen Gebäude aus Stein ebenso wie zum Beispiel die ausgeklügelten Kanalisations- und Heizungssysteme, wie sie im Umfeld der römischen Städte anzutreffen gewesen waren, gerieten für Jahrhunderte in Vergessenheit. In den einfachen Katen der ländlichen Bevölkerung am Niederrhein spielte fortan die Küche als der einzige Raum mit Feuerstelle, Wärme und Licht eine zentrale Rolle: Sie war der Hauptraum des Hauses und wurde nicht zufällig vielerorts bis ins 19. Jahrhundert hinein auch „et Huus" genannt. Wohnen und Arbeiten, Essen und Schlafen spielten sich im engen Umfeld der Feuerstelle ab. Mensch und (Klein-)Tier lebten unter einem Dach. In die Hausarbeit, zu der auch sämtliche Formen der flankierenden Küchentätigkeiten – vom Schlachten bis zum Haltbarmachen von Lebensmitteln – gehörten, waren alle Mitglieder eines gemeinsamen Haushalts einbezogen.

Der einzige ‚Luxus' dieses Raumes, der einzig an seiner Funktionalität ausgerichtet war, bestand darin, dass er einen festen Bodenbelag hatte, der sich mit Sand und/oder Wasser regelmäßig reini-

Feuerstelle in einer alten niederrheinischen Bauernkate – eine kleine Stoffrüsche sorgte schon für Wohnlichkeit. Die alte Bäuerin facht das Feuer an.

Ein gewaltiger Kessel brodelt über dem Feuer – und der alte Bauer genießt Pfeife wie wohlverdiente Muße.

Vor der Feuerstelle trafen sich Jung und Alt – vor allem im Winter, wenn die Wärme des Feuers für Behaglichkeit sorgte.

Ein „Füerbäckske" zur Aufbewahrung der Glut für das Herdfeuer

gen ließ. Ansonsten gab es wenig, was zur Heimeligkeit des Ambientes beigetragen hätte: Die Fenster waren klein, um die Kälte des Winters, die Hitze des Sommers und Ungeziefer jeder Art außen vor zu halten. Die Feuerstellen verbreiteten – bis zur Erfindung des Kamins und später der Öfen – Rauch und Ruß und sorgten dafür, dass sich Decke und Wände innerhalb kürzester Zeit dunkel verfärbten.

Das Feuer in der Feuerstelle hüteten die Hausbewohner wie ihren Augapfel, und das nicht nur wegen der Brandgefahr: Tag und Nacht sollte das Feuer nach Möglichkeit nicht erlöschen, deshalb stand in Reichweite immer ein Blasebalg, um bei Bedarf das Feuer zu schüren. Nachts wurde die Glut unter einem meist irdenen so genannten „Füerbäckske" gesammelt, damit man daraus am nächsten Morgen erneut ein Feuer entflammen konnte. War die Glut einmal erloschen, musste ein neues Feuer entzündet werden – ein mühsames Unterfangen in einer Zeit, in der das Streichholz noch nicht erfunden war (das wurde erst 1832 patentiert und verbreitete sich sukzessive in der zweitenn Hälfte des 19. Jahrhunderts). Da war es oft praktischer, zum nächsten Nachbarhaus zu laufen und dort etwas

Alle arbeiten sich in eine Schüssel hinein…

Zur Bereitung der Speisen bedient man sich im allgemeinen eiserner Töpfe und Pfannen sowie der an mehreren Orten des Kreises verfertigten Töpferwaren, die teils zum Kochen, teils zum Aufbewahren der Speisen, der Milch etc. gebraucht werden. Von der Glasur dieser Töpfe bemerkt man keinen nachteiligen Einfluss auf die Gesundheit der darin bereiteten und aufbewahrten Speisen. Nur begüterte Familien haben kupferne Geschirre, welche inwendig verzinnt werden, damit sie der Gesundheit nicht nachteilig werden. … Auf den meisten Bauerngütern herrscht noch die löbliche alte Sitte, dass der Eigentümer mit Frau und Kindern gemeinschaftlich mit Knechten und Mägden an einem Tische dieselbe Speise in langsamen, abgemessenen Zügen verzehrt. Alle arbeiten sich in eine Schüssel hinein in einerlei Tempo, und alle hören zugleich auf!

Fr. Adolph W. Diesterweg, Die preussischen Rheinprovinzen, 1829

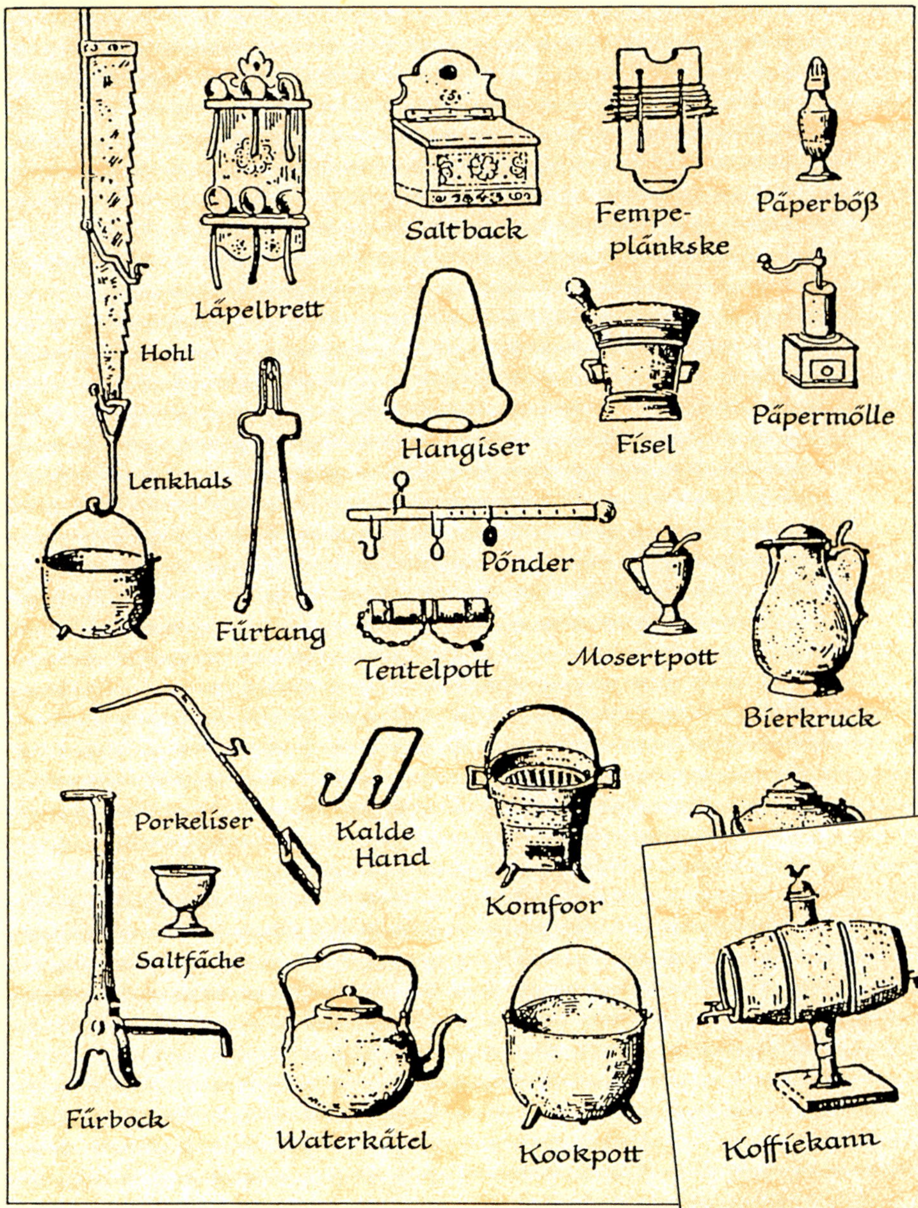

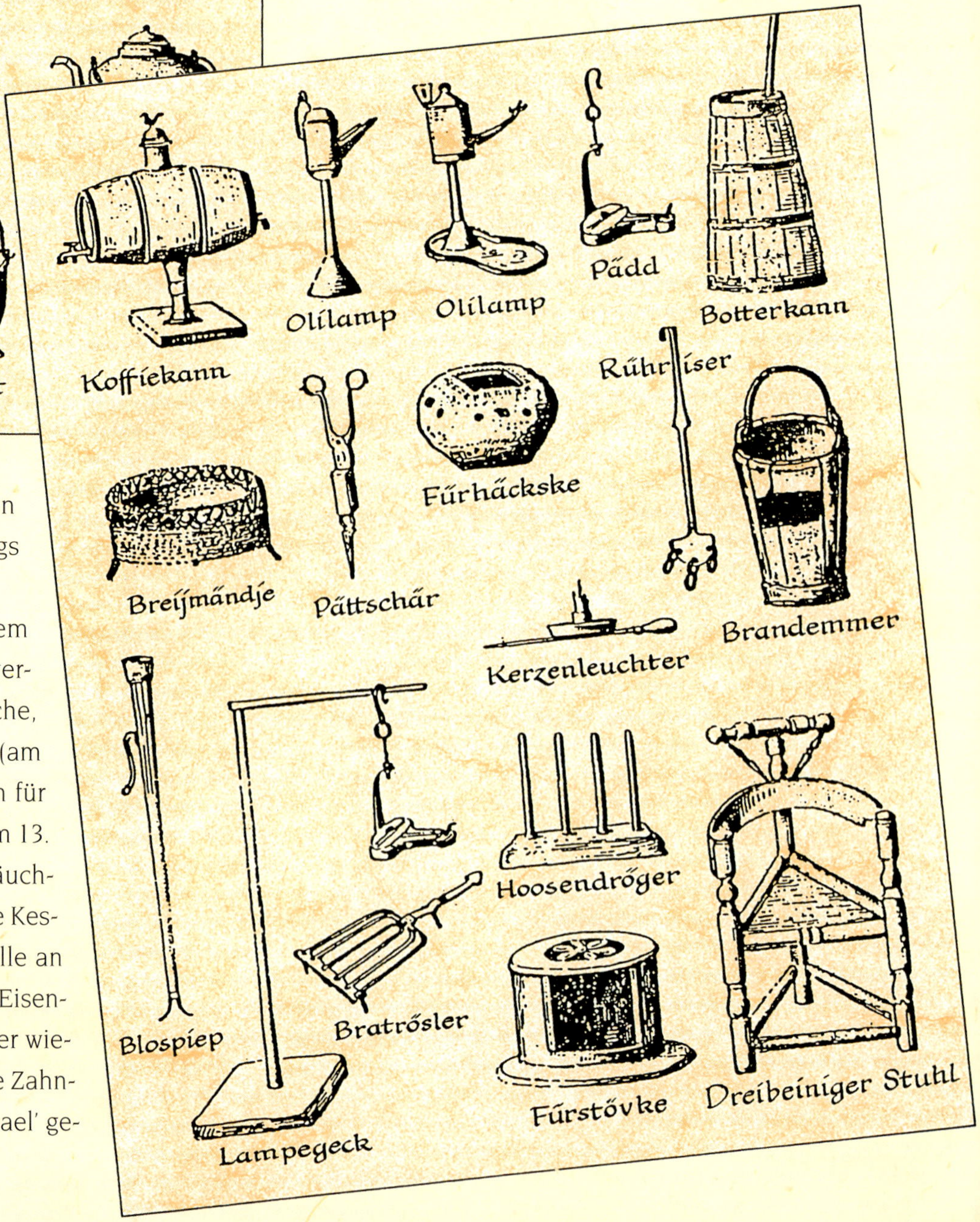

Glut zu holen, selbst wenn dieses ein gutes Stück Wegs entfernt lag.

Solange noch über dem offenen Feuer gekocht werden musste, waren einfache, hart gebrannte Kugeltöpfe (am Niederrhein nachgewiesen für die Zeit etwa zwischen dem 13. bis 15. Jahrhundert) gebräuchlich, später dann metallene Kessel, die über der Feuerstelle an einem höhenverstellbaren Eisenhaken befestigt wurden, der wiederum in eine so genannte Zahnstange (auch ‚hahl' oder ‚hael' genannt) eingehängt wurde. Von kreativer Kochkunst konnte da keine Rede sein. Im einen Topf ließen sich Brei und deftige Ein-Töpfe brutzeln, allenfalls die Zusammenstellung der Zutaten ermöglichte dabei eine gewisse Abwechslung. Der Kochkomfort war ausgesprochen bescheiden: Wollte man die Temperatur erhöhen, um den Eintopf schneller zu garen oder zum Kochen zu bringen, musste der Topf einen Zahn tiefer gehängt werden – es wurde „ein Zahn zugelegt": So erklärt sich die heute ja durchaus noch gebräuchliche Redensart.

Mehr als bescheiden war das Küchenmobiliar: eine Bank, ein grob gezimmerter Tisch, vielleicht noch ein oder zwei Stühle und ein paar hölzerne Regale an den Wänden, auf denen Küchengerät und -geschirr untergebracht war.

Schränke kamen erst seit dem 17. Jahrhundert in Gebrauch, zunächst vor allem als Vorratsschränke für Milch und Brot, später dann auch für Küchengerät und Geschirr. Eimer für Milch und Wasser, Körbe und Schüsseln für Obst und Gemüse, ein Butterfass, ggf. ein Eisengestell, um über dem Feuer ein Stück Fleisch zu rösten, Beil, Messer, Mörser und Sieb – mehr umfasste das Kücheninventar selbst auf den großen Hof- oder Burganlagen nicht. Alte Inventarlisten, wie sie zum Beispiel aus dem Moerser Schloss bekannt sind, belegen, dass aufgrund der größeren Haushalte zwar quantitative Unterschiede bestanden – ein Inventarverzeichnis aus Moers aus den Jahren 1470/71 weist immerhin 153 zinnerne Schüsseln aus –, aber fortschrittlicher als in der Küche der Bauernkate wurde dort auch nicht gekocht.

Bei einem Besuch in niederrheinischen Heimatmuseen fällt die enorme Größe der dort häufig ausgestellten irdenen oder zinnernen Essgeschirre auf. Die Erklärung dafür ist simpel: Ebenso wie in einem Topf gekocht wurde, wurde zumeist auch gemeinsam aus einer Schüssel gegessen – und zwar bis weit ins 18. Jahrhundert hinein. Diese stand mitten auf dem Tisch und jeder langte zu. Ein eigenes Gedeck für jeden war zu dieser Zeit allenfalls in gehobenen, herrschaftlichen Haushalten gebräuchlich. Gegessen wurde, falls nicht – wie durchaus üblich und anerkannt – mit den Fingern, so mit zinnernen, manchmal auch hölzernen Löffeln. Gabeln kamen erst Ende des 18., teilweise erst im 19. Jahrhundert in Gebrauch: Erfunden in Byzanz, kamen sie – zweizinkig – zwar schon im 11. Jahrhundert nach Europa, wurden aber innerhalb kurzer Zeit von der Kirche wieder verboten, weil man darin die Nachbildung der von Gott erschaffenen menschlichen Hand sah und das als Blasphemie verurteilte. So dauerte es noch einmal ein paar hundert Jahre, bis die Gabel die westeuropäische Esskultur erobern und verändern konnte.

Das geschah zu einer Zeit, als auch im ländlichen Raum Kochkultur und Tischsitten insgesamt einer weitreichenden Veränderung unterworfen wurden: Auf den inzwischen ummauerten Feuerstellen und den ersten Herden ließen sich andere, separierte Speisen zubereiten als über der Feuerstelle. Inzwischen hatte sich insbesondere die Kartoffel von ihrer leidenschaftlichen Diskriminierung erholt und hatte Suppe und

Inventarliste des Gouverneurs der Stadt Straelen 1597:

Für die Küche: ein Brandrost, drei eiserne Potten mit Deckel, eine Brat-Peit (=Pfanne), ein großer eiserner Löffel, eine große eiserne Fleischgabel, eine Irdenkanne zum Essigholen, ein Handkessel, um Wein darin zu setzen, ein Kerzenschnutter als Dochtlöscher, 2 paar größere Zinnschüsseln (teinen), eine Siegburger Krucke mit Quarteinteilung.
Zum Essen: 4 Zinnteller, 2 secks, 2 Sätze mit je 6 runden Zinnlöffeln, ein zinnerner Vorlegelöffel, 2 Paar Zinnschüsseln, eine zinnerne Kanne, 3 Mostrich-Schüsseln, 2 zinnerne Salzfatter, 2 kupferne Leuchter, 1 Lavaer mit lampet: Letzterer war ein meist aufhängbarer zinnerner Behälter mit Kränchen, den man mit Wasser nachfüllen konnte. Er diente der Handwaschung nach fett- und knochenreichen Mahlzeiten.

(Zitiert nach Brimmers, Peter: Hausgerät in alter Zeit. In: Geldrischer Heimatkalender, 1986, S. 171 ff.)

Niederrheinische Eintöpfe – Trendsetter von gestern für die Küche von heute

Einst wurden sie aus der Not geboren: Mit einer Feuerstelle und einem Topf und vielen hungrigen Mäulern, die es zu stopfen galt, waren der kulinarischen Kreativität enge Grenzen gesetzt: Breie, Suppen und Eintöpfe beherrschten viele Jahrhunderte lang die Speisepläne niederrheinischer Hausfrauen.

Aber auch später, als eine fortschrittliche Herdkultur eine ganz neue Speisenvielfalt ermöglichte, blieben Eintöpfe beliebt. Daran hat sich bis heute wenig geändert: Denn moderne Hausfrauen wissen zu schätzen, dass sich ein guter Eintopf mit ein bisschen Fantasie leicht und problemlos zubereiten lässt; dass er schnell und ohne großen Aufwand zuzubereiten ist; dass er sich hervorragend zur Vorratshaltung in der Tiefkühltruhe „für Notfälle" eignet; nicht zuletzt, dass er ein gesunde, vollwertige Mahlzeit darstellt, weil alle wertvollen Inhaltsstoffe der Zutaten beim Kochen erhalten bleiben.

Außerdem: Wer sagt denn, dass Eintöpfe heute „altbacken" sein und schmecken müssen?

Niederrheinischer Römer-Eintopf

Ein Eintopf aus dem Römer-Topf schlägt die Brücke zurück in eine Zeit, als die Römer am Niederrhein das Dunstgaren von Speisen im eigenen Saft und in speziellen tönernen Töpfen praktizierten.

Zutaten:

400 g Kartoffeln
2 Zwiebeln
2 Stangen Porree
500 g Wirsing
je 1 kleine rote und grüne Paprikaschote
250 g Rettich
600 g Schweinefleisch (Keule)
0,125 l Gemüsebrühe
3 enthäutete Tomaten
75 g Schafskäse
3 Esslöffel Speiseöl, Salz, Pfeffer, Thymian, Petersilie

Die Kartoffeln waschen, schälen und in kleine Stifte schneiden. Die Zwiebeln schälen und in dünne Ringe schneiden. Porree putzen, waschen, halbieren und in Streifen schneiden. Den Wirsing putzen, halbieren, den Strunk herausschneiden, die Hälften in Streifen schneiden. Die Paprikaschoten waschen, entkernen und in Streifen schneiden. Den Rettich putzen, schälen und in Stifte schneiden. Das Fleisch abspülen, trocken tupfen und in kleine Würfel schneiden. Das Öl in einen vorschriftsmäßig gewässerten Römertopf geben, Kartoffelstücke, Zwiebeln und Paprika einschichten, mit Salz und Pfeffer würzen. Die Fleischwürfel dazu geben, ebenfalls würzen. Zum Schuss Porree, Wirsing und Rettich einschichten. Die Gemüsebrühe darüber gießen. Den Römertopf schließen und auf dem Rost in den kalten Backofen schieben. Garzeit ca. 60 Minuten. Ober-/Unterhitze 200 Grad, Heißluft 180 Grad, Gas Stufe 4

Die Tomaten häuten und in Stücke schneiden. Nach Beendigung der Garzeit die Tomatenstücke in den Römertopf geben und mit Thymian und Petersilie vorsichtig unterheben. Mit Salz und Pfeffer abschmecken. Noch 10 Minuten im ausgeschalteten Backofen ziehen lassen. Den Schafskäse zerbröseln und auf den fertigen Eintopf streuen.

Brei bei den Hauptmahlzeiten verdrängt. Bei den Mahlzeiten ging man immer häufiger dazu über, die eine gemeinsame Essschüssel durch Einzelteller für jeden Esser am Tisch zu ersetzen. Und an die Stelle des einen Löffels trat ein komplettes Besteck, bestehend aus Messer, Gabel und Löffel. Daraus wiederum leiteten sich für die Küche und die dort zu verrichtenden Tätigkeiten weitreichende Folgen her: Zum einen wurde es erforderlich, in sehr viel größerem Umfang als bisher Geschirr und Besteck anzuschaffen. Es mussten möglichst in der Nähe des Essplatzes Abstellmöglichkeiten (Regale, Schränke) geschaffen werden. Nicht zuletzt wurde jetzt das Wasser-Problem unübersehbar: Solange jeder seinen Löffel selbst gereinigt hatte (durch Ablecken oder Abputzen) und nur eine Schüssel abgewaschen werden musste, hielt sich die Frage des Spülens in überschaubaren Grenzen. Der wachsenden Geschirr- und Besteckmengen war mit dem Wasser, das mangels fließendem Wasser in der Küche aus einem externen Brunnen herbeigeschafft werden musste, nur noch schwer und unter großen Mühen Herr oder richtiger: Frau zu werden.

Kein Wunder, dass auch am Niederrhein bis weit ins 19. Jahrhundert hinein nicht nur Hungersnöte aufgrund von Ernteausfällen scharenweise junge und alte Menschen dahinrafften. Auch immer neue Epidemien, ausgelöst nicht zuletzt durch das mangelnde Wissen über den Zusammenhang von Sauberkeit und Gesundheit, brachten in erschreckenden Dimensionen Unglück und Tod über die Region.

Bewegung in die Küche kam erst in der zweiten Hälfte des 19. Jahrhunderts, als die Industrialisierung mit ihren sozialen wie technischen Neuerungen auch auf den ländlichen Küchenraum übergriff. Nicht das Was, sondern das Wie, Womit und Wo des Kochens und Konservierens rückten jetzt erstmals in den Fokus von Ingenieuren, Architekten und Möbelherstellern ebenso wie von Medizinern, Chemikern und Soziologen. Die Küche selbst wurde zum Thema, das die Gemüter erregte, für Kontroversen sorgte und für eine endlose – und bis heute ungebrochene – Kette kleiner und großer Innovationen, die innerhalb von Jahrzehnten von Grund auf veränderten, was über Jahrhunderte nahezu unverändert geblieben war.

Rotkohlsuppe

Rotkohl, ein typisch niederrheinisches Gemüse, mal ganz anders:

Zutaten:

750 g Rindfleisch (Hohe Rippe)
500 g Rotkohl
4 Gewürznelken
4 Zwiebeln
4 Esslöffel Rotweinessig
300 g Kartoffeln
1 Stange Porree
1 Bund Petersilie
3 Esslöffel Rapsöl
2 Esslöffel saure Sahne
1 Teelöffel Pfefferkörner
Zucker, Salz

Rindfleisch in anderthalb Litern Wasser mit den Gewürznelken, Pfefferkörnern, Zucker und Salz garen. Beim ersten Aufkochen eventuell sich bildenden Schaum abnehmen. Anschließend das Fleisch aus der Brühe nehmen, abkühlen lassen und dann in Würfel schneiden. Die Brühe durch ein Sieb gießen. Kartoffeln schälen und in Würfel schneiden, in der Brühe ca. 15 Minuten garen. Den Rotkohl in feine Streifen schneiden und mit den gewürfelten Zwiebeln in wenig Öl andünsten. Mit etwas Brühe ablöschen und Rotweinessig zufügen. Porree in Streifen schneiden und ebenfalls zugeben. Zusammen garen lassen. Das Gemüse zu der Kartoffelbrühe geben und vorsichtig mischen. Die Rindfleischwürfel unterheben. Mit saurer Sahne und Gewürzen abschmecken. Mit gehackter Petersilie bestreut servieren.

Apfel-Bohnen-Topf mit Kasseler

Zutaten:

100 g durchwachsener Speck in Würfeln
500 g Kasseler
2 Zwiebeln
500 g grüne Bohnen
ca. 0,15 l Apfelsaft, 0,25 l Gemüsebrühe
400 g Äpfel
Butter, Pfeffer, Bohnenkraut

Butter in einem Topf erhitzen. Die Speckwürfel, das in grobe Würfel geschnittene Kasseler und die in Ringe geschnittenen Zwiebeln darin anbraten. Die vorbereiteten Bohnen, Bohnenkraut und Pfeffer zugeben. Mit Gemüsebrühe und Apfelsaft auffüllen. Alles bei mittlerer Hitze ca. 25 Minuten garen. Äpfel schälen, entkernen und in Spalten schneiden. Ca. zehn Minuten vor Ende der Garzeit zugeben. Vor dem Servieren pikant abschmecken.

Niederrheinisches Kultgewächs – die Kartoffel

Wenig andere Produkte werden so nachhaltig mit niederrheinischen Koch- und Küchentraditionen in Verbindung gebracht wie die Kartoffel. Dabei hat sie sich ihren Stammplatz auf den niederrheinischen Feldern und auf den Speisezetteln der Hausfrauen zwischen Kleve und Neuss erst spät, vor rund 200 Jahren, und nur gegen heftigste Widerstände erobern können.

Als im 17. Jahrhundert in Spanien und den Niederlanden, in Frankreich und England die Kartoffel längst schon die Kochtöpfe erobert hatte, schlürfte man am Niederrhein wie vielerorts in deutschen Landen noch bevorzugt Brei aus der Suppenschüssel. Vom „Gold der Inkas", das in den südamerikanischen Andenhochländern seit Hunderten von Jahren eine Hauptnahrungsquelle bildete und das Ende des 16. Jahrhunderts von Entdeckungsreisenden nach Europa gebracht worden war, wollte man in den ländlichen Regionen des Rheinlands nichts wissen. Erst mehrere verheerende Getreidemissernten und damit einhergehende Hungersnöte brachten Mitte des 18. Jahrhunderts die Wende: Denn je weniger Alternativen zum Hunger die Menschen hatten, desto eher waren sie bereit, ihre leeren Bäuche mit jenen merkwürdigen Knollen zu füllen, mit denen sie bisher nur ihre Tiere abgespeist hatten. Dass sie dabei ein dumpfes Gefühl in der Magengegend verspürten, lag nicht an den durchaus wohlschmeckenden und bekömmlichen Erdfrüchten, sondern allein an dem Mut der Verzweiflung, mit dem die abergläubischen Hungerleider sie verzehrten; Denn hartnäckig hielt sich das Gerücht, dass die Kartoffel giftig und auf Dauer für den Menschen tödlich sei. Als nicht weniger zählebig erwies sich die Behauptung, die Kartoffel habe eine stimulierende Wirkung und führe zu einer „Stärckung der ehelichen wercken". Dagegen hätte man im Grunde ja wenig einzuwenden gehabt, wäre nicht der, wie man glaubte, allein der Kartoffel zuzuschreibende überreiche Kindersegen gewesen, der die knappe Versorgungslage nur noch weiter verschärfte.

Dennoch: Nachdem einmal die Skrupel überwunden waren, entwickelte sich die Kartoffel innerhalb von Jahrzehnten zum Küchen-Protagonisten: Für die Jahre 1865/1869 zum Beispiel weisen die Statistiken schon einen durchschnittlichen Jahres-Pro-Kopf-Verbrauch von 177,4 Kilogramm aus. Im Zeitraum 1900/1904 stieg er auf 285,9 Kilogramm an. Das dürfte die höchste, jemals erzielte Menge gewesen sein; seitdem sind die Zahlen tendenziell – und seit den 1960er Jahren stark – rückläufig: Um 1965 lag die durchschnittlich verbrauchte Menge bei 111,2 Kilogramm. Und heute liegt der Pro-Kopf-Verbrauch an frischen Kartoffeln gerade mal noch bei 39 Kilogramm. Hinzu kommen allerdings 31 Kilogramm an Kartoffeln in weiter verarbeiteter Form – von Pommes frites über Kartoffelklöße bis hin zu Chips.

Für die Kulturgeschichte der Küche bedeutsam ist, dass mit dem Einzug der Kartoffel auf die Speisepläne auch eine tiefgreifende Veränderung der Tischkultur einherging: Die Kartoffel bereitete sozusagen der Einführung der Gabel auch im ländlichen Raum den Weg, denn aufgespießt auf das dreizinkige Essgerät ließ sich eine heiße Knolle entschieden leichter verzehren als mit bloßen Händen oder einem Löffel.

Niederrheinische Irdenware

Den Alltag zu organisieren, war für die Menschen am Niederrhein im Mittelalter und in der frühen Neuzeit alles andere als ein Kinderspiel. Hürden vielerlei Art galt es zu bewältigen. Und die Frage, wie man die Versorgung mit Ess- und Trinkbarem gewährleistete, stand dabei zumeist im Mittelpunkt. Da war es ein Glück, dass es zumindest an Irdenware und Steinzeug zum Kochen, Bevorraten und Transportieren von Lebensmitteln sowie an Essgeschirr keinen Mangel gab.

Denn in zahlreichen Orten am Niederrhein – von Neuss über die Erkelenzer Region, Brüggen-Bracht oder Kervenheim bis nach Issum – war das Töpferhandwerk hoch angesehen und gleichermaßen erfolgreich. Schon im 12. und 13. Jahrhundert wurden hier zum Beispiel jene Kugeltöpfe produziert, die zum Kochen in die offenen Feuerstellen gestellt wurden. Auch der Bedarf an Essgeschirren konnte mit Irdenware aus dem engen regionalen Umfeld befriedigt werden. Dabei stand die Gebrauchstauglichkeit im Vordergrund; weniger Wert legte man auf die dekorativen Elemente. Aber auch ‚Schmuck-Stücke' mit ornamentaler oder figürlicher Bemalung oder reliefartig herausgearbeiteten Motiven wurden von kunstsinnigen ‚Pottbäckern' oder ‚Düppenbäckern' gefertigt und zumindest in den wohlhabenderen Haushalten zu Dekorationszwecken aufgestellt.

Speziell für die Vorratshaltung mussten die tönernen Gefäße besondere Voraussetzungen erfüllen, durften weder durchlässig sein noch in irgendeiner Form mit dem Inhalt reagieren. Die Entwicklung von so genanntem Steinzeug, also einer Gebrauchskeramik, die bei mindestens 1.200 Grad gebrannt und daher wasserdicht und säurebeständig war, hat eine Wissenschaftlerin einmal als eine Erfindung bezeichnet, die in ihren revolutionären Dimensionen mit der Entwicklung des Tetrapaks verglichen werden kann. Spezialisiert auf dieses Herstellungsverfahren waren Töpferbetriebe vor allem im Rheinland, in Raeren und Langerwehe, Frechen und Siegburg. Etwa seit dem Jahr 1500 lief in diesen Orten die Herstellung von Krügen, Kannen und Töpfen auf Hochtouren. Auch am Niederrhein hatten die rheinischen Steinzeuge fortan für den gesamten Bereich der Haus- und Vorratskeramik absolute Priorität. So genannte Bartmannskrüge zum Beispiel, wie sie in Frechen produziert wurden, waren in fast jedem niederrheinischen Haushalt zum Bevorraten von Öl und Wein anzutreffen.

Alternativen zu Irdenware und Steinzeug boten Gefäße und Hausgeräte aus Metall – Kessel aus Kupfer oder schwerem Gusseisen, Trinkbecher und Teller aus Zinn. Allerdings blieben sie bis weit ins 18. Jahrhundert so wertvoll und teuer, dass sie nur in vergleichsweise geringer Zahl und nur in wohlhabenderen Haushalten anzutreffen waren.

Ein tiefgreifender Wandel vollzog sich im 19. Jahrhundert durch die Individualisierung der Tischkultur. Als nicht mehr aus der einen großen Schüssel gegessen wurde, sondern jedes Haushaltsmitglied ein eigenes Geschirr bekam, stieg der Bedarf sprunghaft an und konnte in den (nieder-)rheinischen Manufakturen nicht mehr gedeckt werden. Als preiswerte Alternative boten sich ‚moderne' Steingutartikel an, wie sie aus (halb-) industrieller Produktion massenhaft auf den Markt gebracht wurden. Ihnen folgte das praktische, weil absolut unempfindliche Emaillegeschirr, das um die Wende vom 19. zum 20. Jahrhundert zu einer einzigartigen Küchenkarriere ansetzte. Wohl den Töpferbetrieben am Niederrhein, die die Zeichen der Zeit rechtzeitig erkannt und ihre Produktionen umgestellt hatten. Denn je mehr die Nachfrage nach ihrer Haushaltskeramik zurückging, desto nachhaltiger waren jetzt andere Artikel gefragt: Dachziegel zum Beispiel für den ‚modernen' Bau von Häusern und Höfen, und Tonrohre, die für den Auf- und Ausbau eines Kanalisationsnetzes erforderlich waren. Letzteres vor allem stellte auch für die Entwicklung der Küche einen Meilenstein dar. ■

Kleine Flamme, große Hitze

Geschichte(n) rund um das Feuer in der Küche

Es war ein Geniestreich – aber er verbindet sich in unseren Geschichtsbüchern mit keinem Namen, allenfalls mit einer vagen zeitlichen Vorstellung: Wo wären wir ernährungstechnisch heute wohl, wenn nicht vor rund 80.000 Jahren ein kluger Kopf auf die Idee gekommen wäre, dass das Feuer nicht nur Licht und Wärme spenden, sondern womöglich auch ungenießbare Knollen in wohlschmeckendes Gemüse, bitteres Blattwerk in aromatische Kräuter und rohes Fleisch in knusprig-zarte Braten verwandeln könnte? Der Neandertaler, so dürfen wir annehmen, beherrschte die Kunst des Feuerentfachens und des Kochens bereits. Möglicherweise war es der Zufall eines unbeabsichtigt in die Feuerstelle gefallenen Stücks Mammutfleisch, das ihn dabei – kross und würzig, wie es nach der Feuertaufe war – erstmals auf den Geschmack von Spießbraten mit leckeren Beilagen brachte.

Fleisch vom Bratspieß und Knollen oder Wurzeln, die in der offenen Glut geröstet worden waren, stellten für mehrere tausend Generationen des „homo sapiens" die einzige Garküchen-Option dar. Da bedeutete es schon einen gewaltigen Fortschritt, endlich auch in siedendem Wasser kochen zu können: Dafür wurde eine runde Grube mit steilen Wänden ausgehoben und mit einer Tierhaut ausgelegt. Der „lederne Kochtopf" wurde mit Wasser und dem Kochgut befüllt. Glühende Steine, die hineingeworfen wurden, brachten die Flüssigkeit dann in kürzester Zeit zum Kochen. Etwa um 7.500 v. Chr. kamen dann die ersten richtigen Kochtöpfe „in Mode", zunächst aus Keramik, später auch aus Kupfer oder Bronze. Vorteile dieser Töpfe waren, dass sie – mehr oder weniger hitzebeständig – über dem Feuer hingen bzw. auf einem Metallgestell standen und durch Veränderung der Entfernung zur Feuerstelle schon Möglichkeiten regulierender Hitzezufuhr boten. Brei und Eintopf waren das kulinarische Ergebnis dieser frühen Kochtechnik.

Der große Nachteil des Kochens über dem offenen Feuer wurde offensichtlich, als die Menschen begannen, die Feuerstellen in geschlossene Räume zu integrieren, in denen sie – meist als Großfamilie und oft mit vielerlei Kleinvieh – lebten: Die Rauch- und Rußentwicklung war verheerend, die Schwaden versuchten, durch undichte Stellen an den Wänden, durch Tür- und Fensterritzen ebenso wie durch eine Öffnung

Der Küchenherd als Mittelpunkt

An das prasselnde Herdfeuer in unserer großen Wohnküche kann ich mich noch gut erinnern. Das brannte in der altertümlichen Kochmaschine und hatte wenig mit Romantik zu tun. Der Küchenherd hatte in der großen Familie verschiedene Funktionen zu erfüllen. Zum einen diente der Herd dem Zweck, Behaglichkeit und Wärme auszustrahlen, zum andern hatte er seinen zentralen Stellenwert beim Kochen und Backen. Schwierig war es bei den damaligen Verhältnissen, mit den vorhandenen Brennstoffen – Kohlen, Holz, Torf – eine gleichmäßige Hitze zu erzielen ... Seine Tücken hatte der Herd gerade beim Backen, wenn es besonders auf die richtige Temperatur ankam ... Annelieses Biskuitrolle, die nach Anleitung in einem Backkurs mit vorhandenen elektrischen Geräten dort so gut gelungen war, zeigte sich hier als Backwerk platt und brüchig ... In der kalten Jahreszeit bot der Backofen sich als besonderer Wärmespender an. Jeder, der mit kalten Füßen nach Hause kam, steckte seine Beine in die warme Backröhre. In der wurden auch die roten Ziegelsteine erwärmt, die abends, mit Tüchern umwickelt, in die eiskalten Betten gelegt wurden.

Anni Gördes, Borken

Große Geschichte im Kleinformat: Die Entwicklung praktischer und optisch ansprechender Kohleherde fand auch in den Miniaturversionen für das Spielzimmer ihren Niederschlag.

Der weiß emaillierte Kohleherd begleitete ganze Hausfrauengenerationen am Niederrhein und bot viele praktische Einsatzmöglichkeiten.

Wenn die zu versorgende (Puppen-)Familie groß war, erleichterte ein kompakter Herd mit vielen Kochstellen die Arbeit.

Wasserkessel, Pfanne und gusseiserner Bräter gehörten zur Grundausstattung für das Kochen auf dem Kohleherd.

in der Giebelspitze des Daches zu entkommen. Eine enorme Hitzebildung, schwarze Wände und verrußtes Mobiliar, vor allem auch ständig tränende Augen und Atembeschwerden waren die Folge.

Allerdings gab es auch Vorteile: Zum einen „imprägnierte" die Rußschicht die zur damaligen Zeit üblichen Naturbaustoffe und minderte damit die Feuergefahr. Darüber hinaus halfen Hitze und Rauch beim Trocknen bzw. Konservieren von Fleisch, Früchten und Gemüsen, und nicht zuletzt hielten sie Ungeziefer fern.

Solche „Rauchhäuser" mit entsprechendem „Verrußungsgrad" waren am Niederrhein teilweise noch bis ins späte 19. Jahrhundert anzutreffen, gerade so, als sei in den kleinen Bauernkaten das Wissen um die Fortschritte von ummauerten Feuerstellen, Kamin und Sparherd nie angekommen.

Dabei entwickelten sich Rauchfänge und Kamine, die die beim offenen Feuer entstehenden

Das Meisterstück der Küche

Am liebsten erinnere ich mich an den alten Herd mit seinen nach außen geschwungenen, verzierten Füßen – das Meisterstück unserer Küche. Stolz und stark stand er da in der Ecke, ließ sich abschmirgeln und mit Herdputz säubern. Zum Schluss musste ein abgenutztes Wäschestück wie eine Eisscheibe über seine spiegelglatte Oberfläche rutschen. Mit häuslicher Zufriedenheit beugte sich Mutter dann, nachdem sie sich die Hände an ihrer Schürze gesäubert hatte, über ihn und betrachtete ihr Ebenbild. Den blitzblanken Wasserkessel stellte sie sorgfältig auf die Ringe des Herdes. Vom vielen Gebrauch waren sie etwas verbogen. Wer sie entfernte, musste höllisch aufpassen, dass der kleinste nicht in den Ofen rutschte. Der hierfür vorhandene Heber hing bereitwillig am Haken. So ein schöner großer Ofen war praktisch. An seiner Chromstange baumelten im Winter unsere Socken und Handschuhe. Wenn das Holz in seinem Bauch knisterte und knackte, funkelte der glühende Feuerschein durch alle Ritzen und flackerte gespenstisch wild an der Decke. Dann war es zu Hause so richtig gemütlich.

ERNI FELLER, DUISBURG

Küchenidyll mit großem, gemauertem Herd – und ein fleißiges Dienstmädchen geht der Hausfrau zur Hand.

Verbrennungsgase und Rußpartikel nach draußen leiteten, im westlichen Europa schon seit dem späten Mittelalter. Sie dienten somit vor allem der Verbesserung der Wohnqualität, hatten aber weder auf die Qualität des Essens noch auf die mühselige Tätigkeit des quasi ebenerdigen Kochens Einfluss.

Ein erster Schritt zur Verbesserung des Koch- und kulinarischen Komforts war geleistet, als man begann, das Feuer zu ummauern und durch einen Sockel auf Knie- oder Tischhöhe anzuheben. Ein Kaminhut, eine Art gewölbter Überdachung, fing den aufsteigenden Rauch auf und leitete ihn nach draußen ab. Hintergrund für diese Entwicklung waren vor allem der wachsende Energiebedarf nach dem Ende des Dreißigjährigen Krieges und der Mangel an nutzbarem Holz bzw. die damit verbundene Preissteigerung. Allenthalben in Europa formierten sich Holzsparbewegungen, so zum Beispiel in Berlin, wo 1784 eine Gesellschaft für Holzsparkunst gegründet wurde. Deren erklärtes Ziel war u. a. die Förderung und Verbreitung von so genannten (Holz-)Sparherden, in denen das Feuer in einem geschlossenen Feuerraum brannte und so eine optimale Brennstoffausnutzung ermöglichte. Meist waren diese Herde von drei Seiten gemauert und hatten als Abdeckung eine Herdplatte mit mehreren Kochlöchern, in die hinein Töpfe oder Wasserkessel gestellt werden konnten. Damit war für die Hausfrauen erstmals auch die Möglichkeit gegeben, der Familie statt Eintopf Hausmannskost mit separat in einzelnen Töpfen und Pfannen zubereitetem Gemüse und Fleisch anzubieten. Beispiele solcher Sparherde sind am Niederrhein ausgesprochen selten zu

Der Umgang mit einem Elektroherd wollte gelernt sein: Die Hersteller lieferten den Hausfrauen Informationen und Rezepte in umfangreichen Kochbüchern frei Haus.

Die Wärme echten Feuers

Man kann sagen, was man will, die Wärme eines Kohleofens ist doch nicht zu vergleichen mit der trockenen Wärmestrahlung einer Öl- oder Elektroheizung. Die Ofenplatte in der Küche wurde oftmals so heiß, dass sie rot glühte. Am Abend konnte man sie in der Küche leuchten sehen. Ab und zu hielt ich ein Streichholz darauf, das sich dann sofort entzündete. Im Herbst und Winter verbrannten wir Tannenzweige, die ihren Duft im ganzen Haus verströmten.
Was nicht mehr gebraucht wurde, landete im Ofen. Alte Schuhe, Verpackungen, durchlöcherte Strümpfe. Es gab nichts, was der Ofen nicht zu essen bekam. Zwar hatten wir auch einen Elektroherd, trotzdem brannte auch im Hochsommer das Feuer in der Küche.

ANDREAS RIEDEL, KAMP-LINTFORT

Am Anfang war die offene Feuerstelle. Dann hielt vielleicht ein hochmoderner Kleeblattofen Einzug in die Küche. Er bot die Möglichkeit, den „Ein-Topf" durch eine in verschiedenen Töpfen getrennt zubereitete Mahlzeit zu ersetzen.

finden. Eine Ausnahme bildet der nachgebaute Herd im Kaarster Tuppenhof: Die Kompaktheit des dort zu besichtigenden Herdes und die Küche selbst in ihrer geräumigen Größe liefern eine Erklärung dafür, weshalb in vielen kleinen niederrheinischen Bauernhöfen eine solche Herdinstallation aus praktischen – wie sicher auch aus finanziellen Gründen – schlichtweg nicht möglich war.

Von den „Kochmaschinen" zum modernen Elektroherd

Das 19. Jahrhundert brachte den Siegeszug der gusseisernen Herde, die in jeder Größe und Form, mal schlicht, mal dekorativ verziert, später sogar emailliert die europäischen Haushalte eroberten. Sie entwickelten sich zunächst aus gegossenen Rundöfen, in die eine zusätzliche Kochvorrichtung integriert wurde: Diese Herde waren kompakt und klein, sorgten für eine ergiebige Wärme, zumal, wenn sie mit Kohle statt mit Holz befeuert wurden, und ließen sich daher auch in die beengten Verhältnisse von Handwerkerwohnungen oder Bauernkaten integrieren. Im Gegensatz zur gemauerten Feuerstelle waren sie „mobil" und wurden direkt an einen Kamin angeschlossen. Gekocht wurde dabei nicht auf einer Herdplatte, vielmehr mussten Töpfe und Kessel (die damals in der Regel noch über abgerundete Böden verfügten) in die entsprechenden Kochlöcher eingehängt werden. Unterschiedliche Modelle solch früher Herde, die seit Anfang des 19. Jahrhunderts Verbreitung fanden, sind in niederrheinischen Museen noch zu besichtigen. Neben eckigen oder runden Formen sind optisch v. a. die so genannten Kleeblattherde (zum Beispiel in der Küche von Burg Linn) mit ihren drei Kochbereichen bemerkenswert.

Bei den so genannten „Kochmaschinen" handelte es sich dann bereits um geschlossene Herde, die nicht nur eine bessere Wärmeausbeute ermöglichten, sondern auch das Kochen auf der Herdplatte – was den Hausfrauen das mühselige Reinigen der verrußten Töpfe ersparte. Diese Kochmaschinen aus Gusseisen wurden sukzessive weiter entwickelt, außen mit leichterem Eisenblech und innen mit Schamotte ausgekleidet, dekorativ mit weißem oder farbigem Emaille, zuweilen auch mit keramischen Fliesen herausgeputzt. Und so avancierte das einst unattraktive Aschenputtel „Herd" zum Liebling der Hausfrauen und zum Schmuckstück ihrer Küche. Kein Zufall, dass solche „Familienherde" bis weit ins 20. Jahrhundert hinein in fast keinem Haushalt fehlten. Kein Wunder auch, dass in allen Heimatmuseen am Niederrhein schöne Beispiele dieser Herdkultur anzutreffen sind.

Fast zeitgleich mit den Kochmaschinen – aber im Gegensatz zu ihnen weitgehend unter Ausschluss der Öffentlichkeit – kamen Mitte des 19. Jahrhunderts die ersten Gasherde auf den Markt: Etwa ab 1830 wurden sie in England in kleinen Serien produziert. In Deutschland konnten die Gasgeräte-Hersteller erst in der zweiten Hälfte des 19. Jahrhunderts so richtig Gas geben, als die neue Energie erstmals in größerem Stil auch die privaten Haushalte erreichte. Allerdings zeigten die Hausfrauen zunächst wenig Begeisterung. Angst und Skepsis vor der neuen, fremden Technik waren stärker als die Wertschätzung der damit verbundenen Annehmlichkeiten.

Schon seit 1809 verfügten die ersten europäischen Städte über Gas, das zunächst aber vor allem zur Beleuchtung der Straßen verwendet wurde. Die ersten deutschen Gaswerke versorgten

Der Kanonenofen

Unsere Küche – für heutige Verhältnisse durchaus edel. Groß, halbhoch gefliest, Steinfußboden. Nicht mehr ganz so edel der Kanonenofen – er heizte wie der Teufel. Das lange Ofenrohr durfte wegen der Kacheln bleiben. Der Herd war schon Gas, aber ich kann mich auch noch an den Vorgänger erinnern, einen Kohleherd mit herausnehmbaren Ringen in der Kochplatte, der gleichzeitig die Funktion des Ofens übernommen hatte. Auf dem Ofen stand immer eine Blechkanne mit Muckefuck, das ist Malzkaffee. Bekannt damals Kathreiners Malzkaffee in der blau gepunkteten Packung. Bei uns gab es meist Caro.
Rechts neben dem Ofen stand die „Kohlentröte", mit der im Keller die Kohlen geholt wurden. Natürlich diente die Ofenwärme auch zum Trocknen, so dass die Leine über dem Ofen nicht fehlen durfte.
Dieser Herd wurde jeden Morgen vom Vater in aller Herrgottsfrühe angeheizt, damit morgens heißes Wasser zur Verfügung stand.
Das war ein Akt, da das Feuer jedes Mal neu angemacht werden musste.
Später kam man dann darauf, dass man abends nur ein in feuchte Zeitungen gepacktes Brikett einlegen musste, um die Glut bis zum nächsten Morgen zu erhalten.

Reinhard Geischer, Kevelaer

Elektroherde erforderten in den Anfängen eine erhebliche Um- und Eingewöhnung. Manche Hausfrau begegnete ihnen mit erheblicher Skepsis.

die Städte Hannover und Berlin. Auch in den Städten des Niederrheins kam Gas rasch „in Mode". 1842 zum Beispiel wurde in Wesel und 1854 in Krefeld und Rheydt ein Gaswerk eingerichtet und damit die Gas-Straßenbeleuchtung gesichert. In Köln war 1841 das erste Gaswerk gebaut worden. Allerdings lehnten die Kölner eine nächtliche Beleuchtung der Straßen zunächst vehement ab mit dem Argument, dies sei ein „Eingriff in Gottes Ordnung": „Die Nacht darf nicht zum Tag gemacht werden." Noch 1886 gab es in Rheydt gerade einmal 100 Gasherde!

Kaum besser war es um die Einführung der elektrischen Haushaltsgeräte bestellt. Zwar waren schon 1892 bei der Weltausstellung in Chicago der erste Elektroherd und eine vollelektrische Küche – mit Backofen, Grillgerät, Tauchsieder und elektrischem Samowar – vorgeführt worden. Zur damaligen Zeit muss das aber auf den überwiegenden Teil aller Hausfrauen wie kühne Science-Fiction ohne jeden Realitätsbezug gewirkt haben.

Noch 30 Jahre nach der Weltausstellung in Chicago verfügten deutschlandweit nicht mehr als 5.000 Haushalte über einen Elektroherd – eine bemerkenswert niedrige Zahl, wenn man bedenkt,

Kohle- und Gasherd in geselligem Nebeneinander: Weil die Hausfrauen den neuen Gasherden zunächst misstrauten, waren sie froh, in Notfällen auf den vertrauten Kohleherd zurückgreifen zu können.

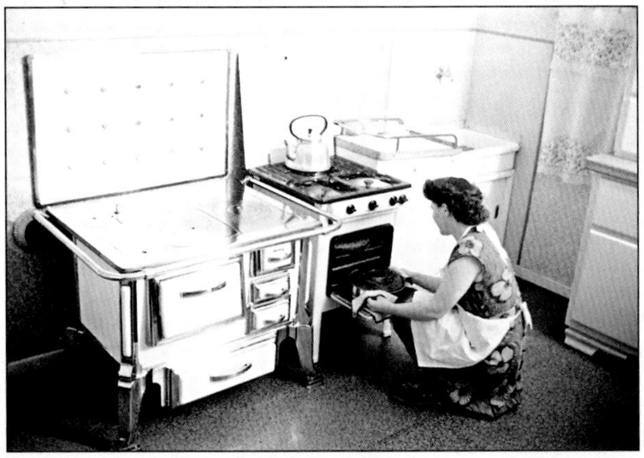

dass schon 1911 allein im niederrheinischen Rheydt 3.000 Hausanschlüsse für Elektrizität verlegt worden waren! Im selben Jahr wurde im übrigen auch die Elektrifizierung der ländlichen, bisher wenig industriell erschlossenen Kreise Moers, Kleve, Geldern, Kempen und Rees auf den Weg gebracht. Überall am Niederrhein wurden Bürgerversammlungen einberufen, in denen allgemein über den Umgang mit der neuen Energie aufgeklärt, die Sorge vor zu hohen Kosten abgeschwächt und speziell den Hausfrauen die Angst vor dem Umgang mit Strom zu nehmen versucht wurde – mit mäßigem Erfolg! Man stelle sich einmal vor, welch abenteuerliche Umstellung es für eine niederrheinische Hausfrau bedeuten musste, von der offenen Feuerstelle zum kohlebefeuerten gusseisernen Herd und von ihm auf den ersten Gaskocher bzw. danach auf einen Elektroherd umzustellen. Wenn dann noch das Essen – aufgrund der mangelnden Erfahrung im Umgang mit den neuen Energiemedien – halb roh geblieben oder angebrannt war, konnte die Hausfrau von Glück sagen, wenn der alte Kohleherd noch vorhanden war.

Haushaltsgerätehersteller und Elektrizitätswerkebetreiber ließen dennoch nichts unversucht, um die Vorzüge ihrer modernen Geräte den Hausfrauen nahe zu bringen: Das Gelsenkirchener Unternehmen Küppersbusch zum Beispiel, die Homann-Werke im rheinischen Vohwinkel oder die Firma Coenen, Hersteller von Gasherden in Linnich, publizierten in hohen Auflagen Bücher, in denen sie ihren Kundinnen Handhabung und Vorzüge ihrer jeweiligen Geräte anschaulich erklärten und dabei oftmals noch eine schöne Auswahl an Rezepten frei Haus mitlieferten. In Krefeld (das damals noch „Crefeld" hieß) fand im Jahre 1912 eine große Ausstellung „Die Elektrizität in Haus und Hof" statt, deren „Botschaft" lautete: Elektrizität ist auch im privaten Haushalt kein kostspieliger Luxus mehr, sondern eine erschwingliche, zukunftsweisende Investition.

Dennoch blieb ein Kohleherd als Alternative und Ergänzung zum Gas- oder Elektroherd in vielen Haushalten bis weit in die Nachkriegszeit erhalten. Auf alten Fotos und in den Erinnerungen niederrheinischer Hausfrauen lässt sich dieses Nebeneinander von Kohle und Gas bzw. Elektri-

Aus dem Begleitkatalog zur Ausstellung „Die Elektrizität in Haus und Hof", Krefeld, 1912:

„Mit einer Kilowattstunde kann man

- 40 Stück 25kerzige Metallfadenlampe oder 20 Stück 50kerzige Metallfadenlampe gleichzeitig eine Stunde brennen lassen,
- 30 Fahrstuhlfahrten durch 4 Stockwerke ausführen,
- 75 Paar Stiefel putzen,
- 4 Stunden den Haushaltungsmotor antreiben,
- 2 Stunden Vacuumreiniger antreiben,
- 21 Stunden Nähmaschine antreiben,
- 5.000 Messer putzen,
- 250 Flaschen füllen und verkorken,
- 400 Liter Wasser in 1 Minute 7 m hoch pumpen,
- 5 Pferde scheren,
- 4 Stunden bügeln,
- 365 mal eine Brennschere erwärmen,
- 3.000 Zigarren anzünden,
- 40 Koteletts braten,
- 20 Eier kochen,
- 1.800 gr. Braten und Sauce herstellen,
- 5 Liter Suppe kochen,
- 64 Tassen Kaffee kochen,
- 8 km im Elektromobil fahren,
- 8 Sack Mehl zu Teig verarbeiten."

zität gut nachvollziehen. Erst das Ende des Zweiten Weltkriegs und die Doppelbelastung vieler „Trümmerfrauen", die Haushalt und Berufstätigkeit in Einklang bringen mussten, bereitete den modernen elektrischen Geräten als notwendige und sinnvolle Entlastung in Sachen Hausarbeit den Boden. Der Vormarsch der Einbauküche in den 1960er bzw. 1970er Jahren mit ihren durchgängigen Flächen, denen sich auch die Küchengeräte unterzuordnen hatten, brachte das endgültige „Aus" für den Kohleofen und den Siegeszug der kleinen und großen Helfer in Küche und Haushalt.

Die Kochkiste

Eine „professionell" gezimmerte Kochkiste war keine Selbstverständlichkeit. Häufig wurden Kochkisten auch aus eigenen Beständen selbst „gebastelt".

„Einer der wichtigsten neueren Apparate, der in keiner Küche fehlen sollte, da er sowohl Arbeit und Zeit wie Brennmaterial und dadurch Geld spart, ist die Kochkiste." So war es nachzulesen in einer im Jahre 1909 veröffentlichten Publikation mit dem Titel „Ich kann kochen". Auch bzw. gerade in einer ländlichen Region wie dem Niederrhein hat sich diese Einrichtung tausendfach bewährt.

Das physikalische Prinzip der Kochkisten beruht auf der Tatsache, dass ein Behältnis, wenn es von schlechten Wärmeleitern umgeben ist, lange seine Temperatur hält. Ein Topf, der auf dem Herd erhitzt wurde, hält in guter Isolierung seine Wärme so, dass die darin enthaltenen Lebensmittel perfekt nach- oder sogar gargekocht werden.

Schon zu Beginn des 20. Jahrhunderts gab es Kochkisten fertig zu kaufen. Sehr viel häufiger dürfte allerdings die selbst gebastelte Variante gewesen sein: Ein alter Wäschekorb, ein ausgedientes Federbett, vielleicht eine verschlissene Wolldecke und die ausrangierte Wachstuchdecke vom Küchentisch wurden kurzerhand umfunktioniert und bewährten sich in ihrer neuen Funktion hervorragend. Vor allem in den Zeiten, in denen die ganze Familie auf dem Feld zum Einsatz gebraucht wurde, bot die Kochkiste den Hausfrauen am Niederrhein die Möglichkeit, morgens früh ein Mittagessen für die schwer arbeitenden Familienmitglieder vorzubereiten, es dann halbfertig in die Kochkiste zu packen, diese mit aufs Feld zu nehmen und mittags für alle eine gleichmäßig gegarte, ebenso schmackhafte wie dampfend heiße Picknick-Mahlzeit auftischen zu können. Dass auf diese Weise Heizkosten gespart werden konnten und sich – gerade im Sommer – das stundenlange Durchheizen des Kohleofens erübrigte, waren zusätzliche positive Nebeneffekte.

Backen

Ebenso selbstverständlich wie der regelmäßige Gang zum Metzger für frisches Fleisch und frische Wurst ist heute der Abstecher zum Bäcker: Frische Brötchen, Hörnchen, Stütchen, leckeres Schwarzbrot, süßer Stuten und eine geradezu unüberschaubare Vielfalt anderer Brotsorten machen dort die Wahl zur Qual.

Brot als wesentlicher Bestandteil für das Frühstück und oft auch für die Abendmahlzeit ist für ältere Niederrheinerinnen und Niederrheiner keineswegs selbstverständlich. Noch in der ersten Hälfte des 20. Jahrhunderts wurden morgens wie abends häufig die übrig gebliebenen Kartoffeln vom Vortag oder Mittag gebraten, wurden Pfannkuchen gegessen oder auch Breispeisen verzehrt.

Stuten backen nach alter Art im „Backes"

Zum Brotbacken stand den Hausfrauen früherer Generationen vielfach ein dörfliches Backhaus oder – im Idealfall – sogar ein eigener, meist außerhalb der Küche untergebrachter Backofen zur Verfügung. Darin wurde regelmäßig Brot gebacken, meist in größeren Mengen, so dass es für bis zu zwei Wochen reichte. Wie nach alter Tradition Stuten und Rosinenweißbrot gebacken wird, hat in Schermbeck Lucia Sondermann dokumentiert.

Zutaten Rosinenstuten (ergibt ca. 10–11 Stuten):

2 l Milch
½ Pfd. Hefe
7–8 Essl. Zucker
Salz nach Geschmack
2 Pfd. Rosinen
8 Pfd. Mehl
40 g Fett, 4 Eier

Das Mehl in eine große Schüssel sieben und in die Mitte eine Mulde machen, die Hefe in der (lauwarmen) Milch auflösen, den Zucker zugeben. Die Masse gehen lassen. Die übrigen Zutaten zufügen, gut durcharbeiten. Den Teig zugedeckt an einem warmen Ort wieder gehen lassen. Nach ca. 1 Stunde den Teig portionieren, die einzelnen Portionen noch einmal kneten, danach in Kastenformen oder auf Bleche verteilen. Nochmals ruhen lassen. Danach werden die Stuten in den Ofen geschoben. Die fertigen Stuten werden mit flüssigem Mehl eingepinselt, damit sie eine goldgelbe Farbe bekommen.

Denn Brot war vergleichsweise teuer. Wer nicht selbst Getreide anbaute, musste die notwendigen Zutaten oder das fertige Brot kaufen. „Das grobe Schwarzbrot", so erinnert sich ein Mann aus Heinsberg an die Zeit vor dem Zweiten Weltkrieg, „wurde alle 14 Tage in großen, kastenförmigen Laiben beim Bäcker gekauft. Das Hefeweißbrot machte unsere Mutter selbst, meist vier oder fünf Stück, in großen rechteckigen Formen. Das war regelmäßig ihre Arbeit am Freitagnachmittag."

Wohl dem, der in dieser Zeit über einen Herd mit gut funktionierendem Backofen verfügte. Ein integriertes Bratrohr, das auch als Backofen genutzt werden konnte, war erst mit den Familienherden an der Wende zum 20. Jahrhundert üblich geworden. Bei den Kohleherden war die Herausforderung, für eine gleichmäßige Wärmezufuhr während des gesamten Backprozesses zu sorgen, nicht unerheblich. Einfacher wurde das Backen erst mit Gas und Elektrizität.

Generationen von niederrheinischen Hausfrauen zuvor besaßen, wenn sie das Glück hatten, auf einem größeren Anwesen zu leben, einen eigenen Backofen oder „Backes", meist in einem Nebenraum der Küche oder im Außenbereich. Ansonsten waren sie auf die gemeinschaftlichen Einrichtungen angewiesen, über die vielfach kleinere Dorfgemeinschaften oder Ortsteile verfügten. Die Brote – meist „auf Vorrat" für einige Wochen gebacken – wurden dann zu Hause vorbereitet und fertig zum Abbacken zum Backhaus gebracht. Die Zeit während des Backens eignete sich hervorragend für ein Schwätzchen und den Austausch von Neuigkeiten.

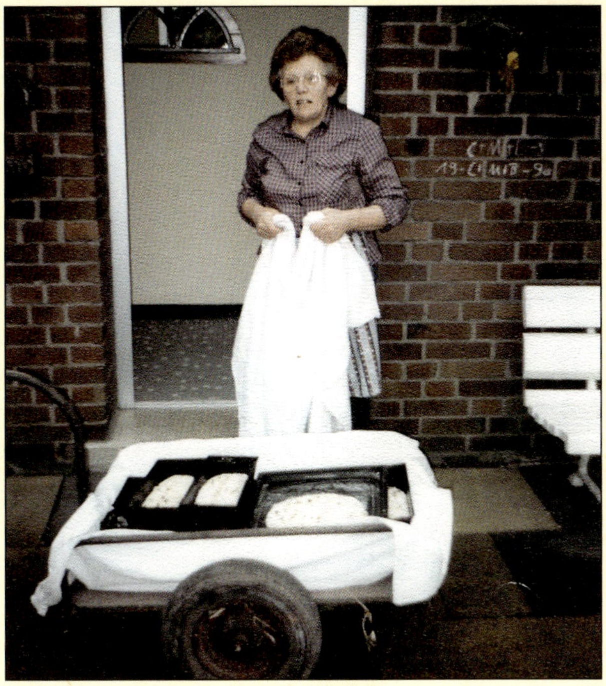

Angesichts solch schwieriger Produktionsbedingungen bedarf es keiner Frage, dass jene ausgeprägte Kuchenkultur, über die viele niederrheinische Hausfrauen heute verfügen, ein Kind erst der jüngeren und jüngsten Küchentechnik-Epochen sind. Im Backes ließen sich hervorragend Hefetorten mit saisonal vorgegebenem Obstbelag (Kirchen, Aprikosen, Äpfel, Pflaumen) herstellen und in der Bratröhre gegebenenfalls Sand- oder Marmorkuchen. Aber für Windbeutel und Sahnetörtchen und luftige Biskuittorten bedurfte es schon eines ausgereifteren technischen Equipments – wie es seit den 1970er Jahren die Hausfrauenherzen und deren Küchen eroberte … ■

Weiß und sauber

Hygiene und Fortschritt möbeln die Küche auf

Noch zu Beginn des 19. Jahrhunderts waren die hygienischen Verhältnisse überall in Europa katastrophal. Menschliche und tierische Abfälle lagen in Straßen und Höfen, offene Abwassersysteme führten mitten durch die Städte, verunreinigtes Wasser wurde zum Trinken und Kochen benutzt. Die Menschen wussten nur wenig über Hygiene und maßen dem Zusammenhang zwischen Sauberkeit und Gesundheit keinerlei Bedeutung bei. Infektionskrankheiten und Epidemien, wie die durch Trinkwasser- bzw. Nahrungsinfektion ausgelöste Cholera, oder Durchfallerkrankungen mit oft tödlichem Verlauf sorgten Jahr um Jahr für eine gewaltige Sterblichkeitsrate. So fielen etwa der großen Cholera-Epidemie in den Jahren 1831/1832 auch am Niederrhein Tausende Menschen zum Opfer. 30 Jahre später, 1865/1866, grassierte sie hier erneut, und – so ist verschiedenen niederrheinischen Ortschroniken zu entnehmen – ebenfalls mit erschreckend hohen Sterblichkeitsziffern.

Theodor Fliedner gründete 1836 in Kaiserswerth den „Evangelischen Verein für christliche Krankenpflege" – und damit die erste Krankenpflegeschule für junge Frauen in Deutschland, eine Einrichtung, die dem allgegenwärtigen gesundheitlichen und sozialen Notstand – in der Versorgung von Kindern, in der Pflege von Alten und Kranken, nicht zuletzt in der praktischen Bewältigung des Haushalts durch junge Frauen – mit vielfältigen Angeboten zu begegnen suchte. Fliedners Ansatz war bahnbrechend und verbreitete sich vom Niederrhein aus schon bald in ganz Deutschland – auch wenn es noch Jahrzehnte dauern sollte, bis Wissenschaft und Medizin die Grundlagen für eine zukunftsweisende Gesundheitsfürsorge schufen.

Dem Zusammenhang zwischen Gesundheit und Reinlichkeit im Haushalt schon sehr nahe kam im Jahre 1871 der in Viersen lebende praktische Arzt, Wundarzt und Geburtshelfer Dr. Aloys Schmitz, der zuvor lange Jahre in Waldniel tätig gewesen war. In seiner 200 Seiten starken Publikation über die „Medicinische Topographie des Schwalm- und Nette- und eines Theiles des Niers-Gebietes, insbesondere der Stadt und Gemeinde Viersen" schrieb er u. a.: „Die Wohnungen der Weber, der Handwerker, überhaupt der unbemittelten Volksklasse entsprechen meist den Anforderungen der Hygiene in keiner Weise. Die Stuben sind nicht selten Werkstätte, Wohnzimmer, Küche und Vorrathskammer zu gleicher Zeit. In diesem Raume, der die zahlreiche Familie beherbergt, wird gekocht, gebraten, gewaschen, getrocknet, kurz alle gewerblichen und wirthschaftlichen Arbeiten vorgenommen. Dass daher die darin herrschende, mit Staub, mit Kohlen-, Lampen- und Wasserdunst und allerlei Zersetzungsgasen geschwängerte Atmosphäre, für deren Reinigung dazu nicht gesorgt wird, für die Gesundheit der Bewohner höchst nachtheilig sein muss, ist selbstredend." Das änderte sich grundlegend erst zum Ende des Jahrhunderts unter dem Einfluss bedeutender Forscher wie Ignaz Semmelweis, Joseph Lister, Louis Pasteur oder Robert Koch.

Erinnerung an dunkle Zeiten: Ausladende Feuerstellen, rußgeschwärzte Decken und grobe Wände wie in diesem Viersener Bauernhaus lassen ahnen, wie mühsam der Weg zur „weißen" Küche gewesen sein muss.

Gedeckter Sauerkrautkuchen

Zutaten für den Teig:
- 250 Gramm Mehl
- 250 Gramm Schichtkäse
- 250 Gramm Butter
- Mehl zum Ausrollen, Butter zum Ausfetten, Frischhaltefolie

Zutaten für die Füllung:
- 3 Zwiebeln, fein gewürfelt, 1 Knoblauchzehe, gepresst
- 4 Eier, 1/4 Ltr. Sahne
- 300 Gramm Sauerkraut, frisch vom Fass
- 1 Essl. Bio-Gemüsebrühe (Instant)
- 1 Teel. Schwarzer Pfeffer
- 1 Teel. Kümmel, geschrotet
- 1 Messersp. Muskatnuss
- 1 Eigelb, 2 Essl. Milch, Butter

Mehl, Schichtkäse, Butter und eine Prise Salz auf ein Backbrett geben und mit einem großen Messer vermischen und durchhacken. Erst möglichst spät mit den Händen zu einem glatten Teig kneten. Die Teigkugel in Folie wickeln und eine Stunde kalt stellen. Die Zwiebeln und den Knoblauch in Butter anschwitzen. In eine Schüssel umfüllen und mit Eiern, Sahne, Gemüsebrühepulver, Pfeffer, Kümmel und Muskat gut vermischen. Zuletzt das Sauerkraut unterheben. Auf einer bemehlten Arbeitsfläche den Teig 1 cm dick ausrollen, halbieren und übereinander legen. Den Teig nochmals ausrollen, wieder übereinander falten und anschließend ungefähr 3 mm dick ausrollen. Eine Springform ausbuttern und mit dem Teig auslegen. Etwas Teig zum Abdecken beiseite legen. Die Sauerkrautmasse auf den Teig geben, mit der Teigplatte abdecken, die Ränder gut verschließen. In der Teigmitte ein Loch von 3 cm Durchmesser ausschneiden. Das Eigelb mit Milch verquirlen und die Teigoberfläche damit einstreichen. Im 200 Grad (Ober-Unterhitze) heißen Ofen den Kuchen ca. 30 Minuten backen.

Kohl

Auch in Zeiten, in den die Fortschritte in der Medizin die allgemeine gesundheitliche Lage der Menschen verbesserten, behielten die überlieferten „Hausmittel“ ihren Stellenwert im Alltagsleben. Bei kleineren und größeren Wehwehchen schufen sie preiswerte Abhilfe. Und wenn nichts half, dann zumindest der Glaube an sie. Am Niederrhein gehörten auch Kohlrezepturen zu den vielseitig eingesetzten Heilmitteln:

„Man hacke den Kohl mit einem möglichst scharfen Eisen, wasche ihn und lasse das Wasser ablaufen. Zusammen mit dem Kohl hacke man reichlich Koriander und Raute, besprenge ihn mit Oxymel und streue ein wenig geriebenes Silphium darüber.

Eine Schale voll von diesem Kohl [nur zu!], und es bildet sich bestimmt nichts Schlechtes in Ihrem Körper. Und wenn zuvor etwas Schlechtes vorhanden war – der Kohl treibt es aus. Sind die Augen getrübt, der Kohl macht sie wieder klar. Leidet man an Atemnot und unangenehmen Unpässlichkeiten in der Gegend von Zwerchfell und Hypochondrium oder Milzleiden – der Kohl beseitigt auch sie. Ist die Milz übergroß – der Kohl lässt sie schrumpfen. Roher Kohl bewirkt bei Gallenleiden wahre Wunder, denn er reinigt die Blutgefäße. Auch gegen die Gicht gibt es kein besseres Mittel als Kohl, auf die genannte Weise zubereitet, früh morgens nüchtern verzehrt.

Gegen Ruhr hilft Kohl in reichlich Wasser eingelegt und gekocht, bis eine glasige Masse entsteht; dann seihe man das Wasser gründlich ab, gieße Öl darüber und lasse alles kräftig kochen. Anschließend gebe man das Ganze in einen Topf und brösele eine mehlige Paste darüber. Man kann den Kohl auch ohne alles oder kalt verzehren oder kalt servieren.

Man darf es jedoch nicht bei einem Mal bewenden lassen. Man nehme kleine Mengen dieser Mixtur mehrere Tage hintereinander am frühen Morgen ein, jedoch nicht zu viel, um Unbill vorzubeugen.“

Die bedeutendsten Erkenntnisse zum alltäglichen Lebensraum der Menschen stammten von dem Mediziner Max von Pettenkofer, der als eigentlicher Begründer der Hygieneforschung gilt. Seinen experimentellen Untersuchungen am Beispiel der Cholera ist die grundlegende

Franz Wischebrink (1818–1884), ein Schüler der Düsseldorfer Akademie, malte zahlreiche Genrebilder, in denen er u. a. typische Familien- und häusliche Szenen thematisierte. Sein mit „Kücheninneres“ überschriebenes Bild bietet einen Blick in die „dunkle“ niederrheinische Küche des 19. Jahrhunderts.

Sanierung von Wasserleitungssystemen und Abwasserkanälen in vielen deutschen Städten zu verdanken.

Dass Hygiene auch ein privates Haushaltsthema war und speziell die Küche eine prädestinierte Brutstätte für Krankheitserreger aller Art,

Küchenbüfett und Vorratsdosen zeugen vom Einzug des neuen Hygienebewusstseins auch in die ländliche Küche am Niederrhein.

setzte sich als Erkenntnis in breiten Schichten der Bevölkerung nur langsam durch. Vielfach war es Aufgabe der Ärzte oder Pflegerinnen, ihre Patienten an Sauberkeit in Haus und Küche und Hygiene bei der Ernährung heranzuführen.

Für den Küchenraum hatten die Mahnungen der Hygieniker zwei Konsequenzen: zum einen die Entdeckung der Farbe Weiß, zum anderen die Karriere des Küchenbüfetts.

Weiß lackierte Küchenmöbel und weiß getünchte oder gekachelte Wände wurden zur Wende vom 19. zum 20. Jahrhundert zum Inbegriff von Sauberkeit. Auf weißem Grund waren alle Unreinlichkeiten gut zu sehen, glatte weiße Flächen ließen sich zudem leicht pflegen. Da die Menschen der damaligen Zeit – zumal in einer eher konservativen Region wie dem Niederrhein – keineswegs jede Neuerung und jede Mode sofort mitzumachen pflegten, vollzog sich der Wandel in der Küche, der ja auch mit Kosten und Investitionen verbunden war, sukzessive: die Wände weiß tünchen, den alten Fußboden durch einen neuen, leichter zu wischenden, den kaputten Tisch durch einen hellen neuen ersetzen, sparen für einen weiß emaillierten Kohleherd. Es war die zunehmende „Helligkeit" in der Küche, die unübersehbare Signale in Sachen Küchenfortschritt setzte. Allerdings konnte sich manche Hausfrau nur schwer damit abfinden, dass ihrer Küche dabei schrittweise die Behaglichkeit abhanden kam und einer fast klinischen Kühle Platz machte. Hier musste Abhilfe geschaffen werden – zum Beispiel durch liebevoll gestickte und dekorativ platzierte Wandvorhänge mit ihren mal heiteren, mal nachdenklichen Sinnsprüchen, wie sie die niederrheinischen Küchen jener Zeit tausendfach geziert haben – und heute noch in so manchem Wäscheschrank als Relikt aus der „guten alten Zeit" aufbewahrt werden.

Ein schön mit Porzellan gedeckter Tisch war in den meisten Familien am Niederrhein den Sonn- und Feiertagen vorbehalten.

Sinnsprüche und dekorative Muster gehörten zur Standardausstattung der beliebten Sticktücher.

Multitalent Emaille

In die Ära der „hellen Küche" gehört auch die Entdeckung von Emaille: Bis weit ins 19. Jahrhundert hinein wurden Töpfe und andere Koch-Gerätschaften zumeist aus Zinn oder Kupfer hergestellt, Essgeschirr bestand vielfach aus Irdenware, wie sie speziell auch am Niederrhein in vielen Orten hergestellt wurde.

Mit den sich entwickelnden Kochmöglichkeiten veränderte sich auch die Esskultur: Sobald Brei und Eintopf durch eine diversifizierte Mahlzeit mit Kartoffeln, Gemüse und womöglich Fleisch ersetzt wurde, war es auch mit dem gemeinsamen Löffeln aus der einen großen Schüssel vorbei. Geschirr für jede Person im Haushalt wurde notwendig und ließ die Nachfrage gewaltig anwachsen. Dieser konnten die meist kleinen handwerklichen Töpferbetriebe am Niederrhein schon bald nicht mehr nachkommen. Viele stellten ihre Produktion ein oder um, zum Beispiel auf die Herstellung von Dachziegeln. Jetzt schlug die große Stunde des Emaillegeschirrs.

Verfahren zum Emaillieren kannte man schon in der Antike. Aber erst im 19. Jahrhundert fanden Küchengeräte bzw. Geschirr und Emaille zueinander: Schon im Jahre 1788 wurde erstmals in Württemberg weißes Emaille auf gusseiserne Töpfe aufgebracht. Die Oberflächliche war glänzend, glatt, das Material darüber hinaus absolut geschmacksneutral, hitzebeständig und haltbar. Im großen Stil ging in Deutschland die Emailleproduktion dann 100 Jahre später los, als die industrielle Fertigung serienmäßige Produktion erlaubte und die Nachfrage entsprechend stieg: Emaillegeschirr fügte sich exzellent in jene Entwicklung ein, die die Sauberkeit in der Küche zum obersten Gebot und zur hausfraulichen Handlungsmaxime erklärte. Zudem war es absolut alltagstauglich, ließ sich problemlos in den Frühstückskorb fürs Feld packen und ebenso problemlos ungeschickten Kinderhänden anvertrauen.

Zwar konnte es mit dem Charme feinen Porzellans, mit den edlen Dekors und den eleganten Formen nicht mithalten. Aber wer war zur damaligen Zeit schon so betucht, dass er alle Tage am fein gedeckten Tisch mit Porzellangeschirr hätte speisen können. In den meisten Familien gab es, wenn überhaupt, Porzellangeschirr nur für Fest- und Feiertage, wenn man sich um den Esstisch in der „guten Stube" versammelte.

Emailliert wurden damals Küchengeräte – Töpfe, Siebe, Schüsseln, Kellen und Löffelhalter – ebenso wie Küchengeschirr – Tassen, Teller, Kaffeekannen und Wasserkrüge. Innerhalb weniger Jahre entwickelte sich daraus ein riesiger Industriebereich: Im Jahre 1929 wurden in Deutschland Emaillegeräte für den Haushalt in nicht weniger als 330 Emaillierwerken hergestellt. Neben den schlichten weißen Gerätschaften erfreuten sich dabei auch farbige Geschirre oder solche mit Dekor – vom Kindermotiv bis zur Blumengirlande – großer Beliebtheit, Ausdruck des

wachsenden hausfraulichen Bemühens nicht nur um pragmatische Funktionalität, sondern auch um ansprechende Ästhetik in der Küche.

Wie umfassend Emaillegeschirr und -gerät auch am Niederrhein verbreitet war, lässt sich an den umfänglichen Beständen ablesen, die in den niederrheinischen Heimatmuseen bereitgehalten werden. Und auch in so manchem privaten Haushalt sind einzelne Schüsseln, Siebe, Kannen oder Kellen erhalten geblieben und zuweilen sogar noch in Gebrauch!

Emailleprodukte – vom Schöpflöffel bis zur Kaffeekanne – wurden in unterschiedlichsten Formen, Farben und Mustern produziert und füllten ganze Kataloge für Händler und Kunden.

Das Küchenbüfett

Ein Kind des neuen Hygienebewusstseins war auch das Küchenbüfett. Nachdem Jahrhunderte lang der größte Teil des Kücheninventars dekorativ und repräsentativ auf Regalen entlang der Küchenwände abgestellt worden war, galt es jetzt, so viele Gerätschaften wie möglich vor Staub und Feuchtigkeit und Fliegen – und den mit ihnen verbundenen Krankheitsgefahren – zu schützen. Das meist zweiteilige Küchenbüfett mit einem tiefen Unterschrank und einem Aufsatz mit Glas-

Ein typisches Küchenbüfett der Nachkriegsjahre – markant vor allem der Aufsatz mit kleinen Glasfenstern und schmückenden Gardinchen.

türen bot Stauraum für Töpfe, Kessel und Pfannen ebenso wie für Geschirr und kleine Haushaltshelfer. Als flexible Alternative zu den späteren Anbauküchen erfreuten sich die Küchenbüfetts, die je nach Geschmack des Herstellers schlicht oder reich ornamentiert waren und in Material wie Größe zahlreiche Varianten boten, bis weit in die Nachkriegszeit großer Beliebtheit. Hatten bis dahin zwischen ländlich-bäuerlichen und städtischen, zwischen Arbeiterküchen und den Küchen des gehobenen Bürgertums noch gravierende Einrichtungsunterschiede bestanden, leistete das Küchenbüfett einen entscheidenden Schritt hin zu einer „demokratischen" Annäherung. Ein Küchenbüfett gab es in jeder Küche; Unterschiede ließen sich allenfalls an Größe, Material und Verarbeitung feststellen. Ob man die massive Nussbaumvariante oder in den Nachkriegsjahren die Modelle in modischen Pastelltönen bevorzugte, war eine Frage der finanziellen Möglichkeiten – und eine Frage des persönlichen Geschmacks. Bis 1960 wurden in Deutschland insgesamt jedenfalls mehr Küchenbüfetts hergestellt und verkauft als Anbauküchen. Und so manches erinnerungsbeladene „alte" Schätzchen, das beim Antiquitätenhändler gelandet ist, findet auch heute noch – oder wieder – seine Liebhaber.

Platz ist in der kleinsten (Einbau-)Küche

Eigentlich waren die Aussichten für die deutsche Küche zu Beginn des 20. Jahrhunderts nicht schlecht: Gas und Strom und die dazu gehörigen Geräte warteten nur darauf, endlich wohlwollende Aufnahme bei den Hausfrauen zu finden. Ein bescheidenes Maß an Kochkultur machte sich auch in den kleinen ländlichen Haushalten breit, und selbst die Wissenschaft hatte die Küche entdeckt – zumindest im Hinblick auf die Frage, wie arbeitsökonomisch deren Einrichtung und Größe denn sei. Hintergrund dieser Überlegungen war eine sich verändernde soziale Realität: Im Zuge der Industrialisierung wuchs in vielen Städten – auch am Niederrhein, man denke an eine Stadt wie Mönchengladbach – die Zahl der Frauen, die als (Lohn-)Arbeiterinnen außerhalb des Hauses Geld verdienen, gleichzeitig aber auch Familie und Haushalt versorgen mussten, rapide an. Um all diesen Aufgaben gerecht werden zu können, waren in der Küche Effizienz und Arbeitsökonomie oberste Prämissen. Kurze Wege, hilfreiche Technik und sparsame Raumnutzung stellten wesentliche Bestandteile einer solchermaßen optimierten Küche dar.

Höhepunkt dieser Entwicklung war die von Margarete Schütte-Lihotzky konzipierte so genannte „Frankfurter Küche", die nicht mehr als 6,5 Quadratmeter Fläche beanspruchte. Die österreichische Architektin kam Mitte der 1920er Jahre nach Frankfurt, wo sie erstmals ihre Ideen von der Küche als zweckmäßigem Arbeitslabor mit bis ins Detail ausgetüftelten Einbauten und optimal verkürzten Arbeitswegen umsetzte. Nicht zuletzt galt ihre Sorge dabei auch der Vorratshaltung. So sah ihr Küchenkonzept vor, dass Mehl in einer speziellen Eichenschublade untergebracht wurde, weil die im Holz enthaltene Gerbsäure verhinderte, dass Würmer ins Mehl gelangten. Für alle übrigen Lebensmittelvorräte, die zur damaligen Zeit noch weitgehend lose aufbewahrt werden mussten, übernahm Margarete Schütte-Lihotzky das Prinzip der nach ihrem Erfinder benannten Haarer-Schütten. Für diese patentierten Schütten, die die Eigenschaften einer Schublade mit denen einer Kanne verbanden, waren Schubfächer in den Küchenschränken vorgesehen. An diesem Prinzip der Aufbewahrung bzw. Vorratshaltung haben Küchenhersteller im übrigen bis heute – mit leichten Modifikationen – festgehalten.

Ehe die deutsche Reformküche und die Technisierung des Haushalts sich auf breiter Basis durchsetzen konnten, kam der Krieg. Da blieb für Fragen von Arbeitsökonomie und innovativem Küchengerät keine Zeit. Wohl dem, der überhaupt ein Dach über dem Kopf behielt, der über eine (halbwegs) funktionierende Küche verfügte und über Lebensmittel, um die hungrigen Mägen seiner Lieben zu füllen. Am Niederrhein wie überall sonst lag die Last der Alltagsbewältigung zum überwiegenden Teil auf den Schultern der Frauen. Sie hatten für Haus und Hof, für Feld und Garten, für Kinder und Alte zu sorgen. Da war es ein Segen, dass fast jede Familie über ein Stück Land verfügte, durch das zumindest eine Grundversorgung mit Kartoffeln, Gemüse und Obst gewährleistet war.

Quadratisch, praktisch, gut – Nachkriegsküchen

Als nach dem Krieg allenthalben die schlimmsten Notstände beseitigt waren und man den Blick wieder nach vorn richtete, schlug die große Stunde der modernen Küchen. Die Nachkriegsarchitektur orientierte sich dabei an den Reformküchen-Konzepten der Vorkriegszeit, die ja nicht nur arbeitsökonomisch, sondern auch kostengünstig waren.

Nicht nur im Wohnungsbau, auch im Einfamilienhaus geriet die Küche zu einem kompakten Funktionsraum. Je knapper bemessen ihre Fläche, desto großzügiger konnte der repräsentative Ess- und Wohnzimmerbereich angelegt werden. 1950 kamen die ersten Einbauküchen auf den Markt: Küchenschränke und -büfetts waren dabei in Ober- und Unterteile aufgelöst worden, die Stück für Stück nebeneinander und von Wand zu Wand aufgestellt bzw. -gehängt werden konnten. Solche passgenauen Anbaumöbel bedeuteten eine optimale Raumnutzung und

Für das „Arbeitszimmer der Hausfrau“, wie die Küche in den Katalogtexten angepriesen wurde, mangelte es nicht an Gestaltungsideen. Wesentlich dabei war, dass Küchenmöbel und -technik erstmals zu einer optischen Einheit fanden.

Ganz nach Ihren Wünschen wurde diese neue An- und Aufbauküche geschaffen. Sie ist das Arbeitszimmer der Hausfrau. In einer Zeit, in der Haushalthilfen Mangelware sind, kommt es mehr denn je darauf an, eine zweckmäßige, bis ins letzte durchdachte Kücheneinrichtung zu besitzen, in der sämtliche Haushaltgegenstände so handlich und bequem untergebracht sind, daß kein Handgriff zuviel nötig ist. Die modernen Anbauküchen werden diesen Anforderungen auf beste Weise gerecht. Kommen Sie zu uns, wir beraten Sie gern.

In der Küche sollte eine Eßecke nicht fehlen, in der das Frühstück eingenommen werden kann.

Modernes Küchenbüffet in zarten Pastellfarben, 140 cm ..... **337,—**
Gemütliche Eckbank mit aufklappbarer Sitzfläche, Acella-Bezug in verschiedenen Farbtönen, 130/170 cm .... **198,—**
Dazu passende Küchensessel **26,50**
Praktische Kohle-Elektro-Herdkombination „Beckmann“

Moderne Menschen, die an dem Weltgeschehen interessiert sind, werden kaum auf einen Fernseh-Apparat verzichten wollen. Eine Vielzahl formschöner Geräte, die sich in den Rahmen jeder Wohnung einfügen, stehen bei uns für Sie bereit. Sie brauchen nur zu wählen.

Teppiche geben jedem Raum erst die wohnliche Atmosphäre. Sie vermitteln wohltuende Ruhe und Behaglichkeit, sie machen die Wohnung zum Heim. Ob Teppiche in leuchtenden Farben und modernen Dessins oder in phantasievollen, prächtigen Persermustern gewählt werden, richtet sich nach der Einrichtung des Raumes und nach Ihrem Geschmack. Wir führen ein umfangreiches Angebot aller Teppiche, Bettumrandungen etc. Die in diesem Prospekt gezeigten Beispiele sollen Ihnen nur als Anregung dienen. Bitte, überzeugen Sie sich von unserer interessanten Auswahl an textilem Bodenbelag.

Viersens großes
Möbel- u. Ausstattungshaus
Petersstr. 17 - 33
ÄLTIGENDE AUSWAHL:
öbeln und Einrichtungsgegenständen
RSPRECHEN IHNEN:
tiger können Sie nirgendwo kaufen,
und unsere Preise liegen an
der äußersten Grenze!
Garth & Feikes

„Lydia“

Die moderne Küche mit zahlreichen Kombinationsmöglichkeiten.

Pflegeleichte Fußböden, Möbelfronten und Arbeitsflächen sollten die alltägliche Arbeit in der Küche erleichtern.

gewährleisteten eine einheitliche Optik. „Resopal" wurde zum Inbegriff der modernen Küche schlechthin. Der neue Werkstoff, extrem widerstandsfähig, hitzebeständig und „pflegeleicht", avancierte innerhalb kürzester Zeit zum Shootingstar unter den Küchenmaterialien. Um dabei der allzu klinischen Sterilität des Raumes ein Schnippchen zu schlagen – und wohl auch als Reaktion auf die Tristesse der zurückliegenden Jahre – ließen sich die Hausfrauen der 1950er und 1960er Jahre von zum Teil geradezu verwegenen Pastellfarben erobern.

Parallel dazu schritt die technische „Aufrüstung" des Haushalts voran. Kühlschrank, Waschmaschine und Elektroherd zählten fortan zu den erklärten Lieblingen in der Küche. Und als dann wenige Jahre später auch die ersten Gefriertruhen und -schränke auf den Markt kamen, waren es vor allem Hausfrauen in ländlichen Regionen wie dem Niederrhein, die die Chancen der damit verbundenen modernen Vorratshaltung erkannten und wahrnahmen.

Vom früheren „warmen Herz" des Hauses war in der Küche wenig übrig geblieben, nicht auf dem Land und im städtischen Wohnungsbau schon mal gar nicht. Die modernen Medien, Zeitschriften, Hörfunk und Fernsehen, sorgten ebenso für eine Nivellierung der Unterschiede zwischen Stadt und Land wie die wachsende Mobilität der Menschen und die auch auf die ländlichen Regionen übergreifende Angebotsvielfalt durch Einrichtungs-, Elektro- oder Möbelhäuser. Spätestens in den 1970er Jahren war optisch landauf landab eine nahezu vollständige Küchenuniformität erreicht. Damit verbunden war auch eine absolute Entsinnlichung jenes Raumes, der Jahrhunderte lang das Zentrum des häuslichen Lebens gebildet hatte. ■

Neue Farben, neue Formen und jede Menge Technik sorgten für Fortschritt in der Küche.

„Nicht für Kinder ist der

Kaffee erobert die niederrheinische Küche

Wie die Zeiten sich ändern: Kein Mensch käme heute auf die Idee, aus gesundheitlichen Gründen eher zum Konsum von Bier denn von Kaffee zu raten. Das sah vor 250 Jahren noch ganz anders aus: Damals galt Kaffee noch als exotische Luxusspezialität, die für den überwiegenden Teil der Menschen unerschwinglich war. Damit nicht genug, eilten ihm, ähnlich wie der Kartoffel in ihren europäischen Anfangszeiten, vielfältigste Vorbehalte hinsichtlich seiner Wirkung im bzw. auf den Körper voraus – von Austrocknung über Impotenz und „furchtbare Leidenschaft“ bis hin zu frühzeitigem Tod.

Türkentrunk…“

Erst um die Mitte des 18. Jahrhunderts begann sich die Sitte des Kaffeetrinkens in den ländlichen Regionen Deutschlands zu verbreiten. Bis dahin hatten die Menschen auch am Niederrhein den flüssigen Teil ihrer Ernährung weitgehend mit einem schwach alkoholischen Dünnbier abgedeckt, das selbst Kinder und Säuglinge bekamen und das, leicht erwärmt und mit Milch vermengt, auch als Biersuppe gelöffelt wurde. Um 1500, so berichten beispielsweise die Chroniken der Stadt Neuss, habe dort der Pro-Kopf-Verbrauch an Bier bei 270 Litern gelegen! Auch wenn man über den Zusammenhang von Ernährung und Krankheit zu dieser Zeit noch wenig wusste, hatte die Erfahrung gezeigt, dass der Genuss von Wasser aus dem Dorfbrunnen immer wieder zu epidemieartigen Erkrankungen führte. Da war man mit einem Bier auf der eindeutig sichereren Seite. Nicht zuletzt diese Dominanz von Bier als alltäglichem Nahrungsmittel erklärt die beeindruckende Zahl von zumeist kleinen Brauereien, die der Niederrhein noch bis weit ins 19. Jahrhundert hinein zu verzeichnen hatte.

Spätestens nach 1780 und nach der Aufhebung der von Friedrich dem Großen erlassenen Kaffee-Dekrete (er setzte auf die gesunde Biersuppe als Volksnahrungsmittel!) eroberte sich der Kaffee sukzessive seinen festen Platz im Gefüge der alltäglichen Mahlzeiten. Am Niederrhein ersetzte er bald schon das Dünn- oder Warmbier, das fortan eher kalt, mit höherem Alkoholanteil und vor allem nicht mehr zu Hause am Familientisch, sondern von nun an in der Wirtsstube genossen wurde. Allerdings dürfte es sich dabei nur im Ausnahmefall und nur bei den eher begüterten Familien um reinen Bohnenkaffee gehandelt haben. Denn dieser war wie alle so genannten „Kolonialwaren“ für den durchschnittlichen niederrheinischen Haushalt kaum erschwinglich. Parallel zum „echten“ Bohnenkaffee eroberten aber unterschiedliche Kaffeesurrogate den Markt, wobei der Zichorien-

1699 schrieb die mit dem Bruder des Sonnenkönigs verheiratete Lieselotte von der Pfalz, die sich mit der französischen Esskultur ausgesprochen schwer tat: „Viele Leute hier trincken Tee und Kaffee und Schokolade, aber ich nehme gar nichts von diesem Zeug, bilde mir ein, es sei nicht gesund. Kann nicht begreifen, wie man es trinckt. Tee kommt mir wie Heu und Mist vor, Kaffee wie Ruß und Feigenbohnen… Was ich aber wohl essen möchte, wäre eine gute Kaltschale oder eine Biersuppe…“

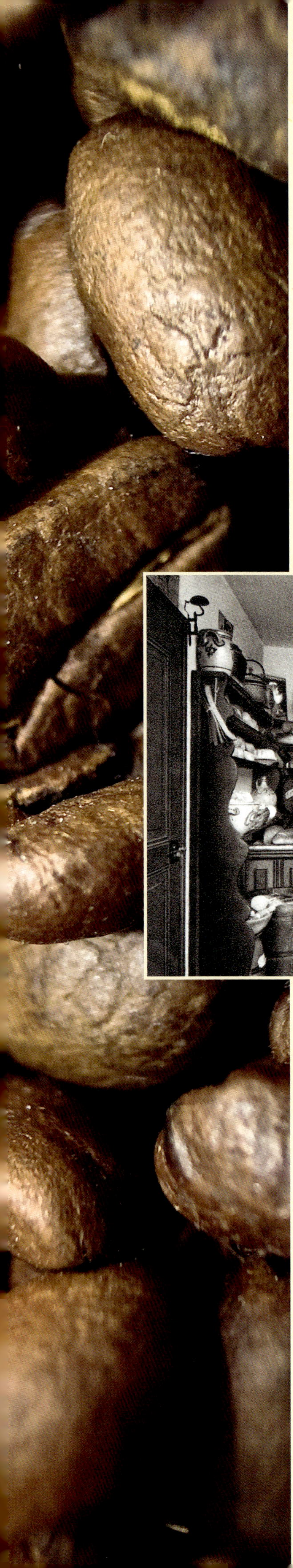

Schon 1885 entstanden die ersten Kaiser's Kaffee-Filialen. Die Qualität des dort gerösteten Kaffees sprach sich schnell herum.

Noch bescheiden war im Kaiser's „Urgeschäft" in Viersen anfangs das Warenangebot. Die ursprüngliche Röstküche hatte noch beinahe familiäre Ausmaße.

kaffee und der aus Gerste und Roggen hergestellte „Malzkaffee" wohl die größte Popularität erlangt haben dürften. Je bescheidener die Verhältnisse, desto häufiger wurden echter und Ersatzkaffee gemischt, desto „dünner" war, was in Kaffeekannen und -tassen die Illusion des Kaffeetrinkens aufrecht erhalten sollte. Oft blieb der richtige Bohnenkaffee den hohen Festtagen und besonderen Anlässen vorbehalten, einer Taufe, Hochzeit oder Beerdigung.

Wenig begeistert vom Kaffee- und Kaffee-Ersatz-Konsum zeigte sich noch 1871 der in Viersen lebende Arzt Dr. Aloys Schmitz im Rahmen seiner Publikation über die „Medicinische Topographie des Schwalm- und Nette- und eines Theiles des

„Kolonialwaren“

Zu den Produkten, die es nur im „Winkel“ bzw. im Kolonialwaren-Laden zu kaufen gab, gehörten neben Kaffee, Tee oder Schokolade auch Zucker und Salz sowie Reis und Gewürze aller Art. Letztere vor allem waren es, die in den zumeist kleinen Läden für jenen unverwechselbaren Duft sorgten, der so manchem Niederrheiner aus Kinderzeiten immer noch vertraut ist. Wie ein solcher Laden ausgesehen hat, lässt sich in einigen niederrheinischen Museen authentisch nachempfinden.

Kuchenrezepte, in denen so exotische Zutaten wie Reis oder Gewürze verarbeitet wurden, stellten für niederrheinische Hausfrauen eine ebensolche Kostbarkeit dar wie echter Bohnenkaffee, und wie dieser waren sie besonderen Anlässen vorbehalten.

Gewürzkuchen

Zutaten:

- 100 g Zartbitterschokolade
- 1 unbehandelte Zitrone
- 5 Eier
- 125 g Butter
- 200 g Zucker
- 1 EL löslicher Kaffee
- 1 TL Zimt
- 1 Msp. gemahlene Nelken
- 1 Msp. Kardamom
- 4 EL Rum
- 150 g Vollkornmehl
- 1 Päckchen Backpulver
- 150 g gemahlene Mandeln

Die Schokolade grob raspeln. Die Eier trennen. Eiweiß zu Schnee schlagen. Eigelb mit Zucker und Butter schaumig rühren. Nacheinander alle Zutaten unterrühren. Eischnee vorsichtig darunter ziehen. Das Mehl mit den Mandeln und dem Backpulver vermischen und ebenfalls unter die Masse rühren. Zum Schluss die Schokoladenstückchen dazugeben. Eine Königskuchenform ausfetten, mit einer Mischung aus Semmelbröseln und grob gemahlenen Mandeln ausstreuen und den Teig einfüllen.

Im vorgeheizten Backofen bei 160 °C ca. 60 Min. backen (Umluft). Stricknadelprobe machen. Den Kuchen aus der Form stürzen und auf einem Gitter auskühlen lassen. Besonders lecker schmeckt der Kuchen, wenn er 4 – 5 Tage in Folie verpackt gelagert wird.

Reistorte

Zutaten:

- 500 ml Milch
- 80 g Rundkornreis
- 4 Eier
- 120 g Zucker
- 1–2 El Cognac (oder Amaretto)
- 1 El abgeriebene Schale einer unbehandelten Zitrone
- 1 El Zitronensaft
- Fett und Grießmehl für die Form

300 ml Milch in einen Topf gießen. Den Reis dazugeben und die Milch zum Kochen bringen. Bei milder Hitze den Reis ca. 10 Min. ausquellen lassen, anschließend auf ein Sieb geben. Die Eier und den Zucker mit dem Handrührgerät so lange schaumig schlagen, bis der Zucker aufgelöst ist. Dann den Cognac, die Zitronenschale, den Zitronensaft und 200 ml Milch unterrühren. Alles zusammen mit dem Reis mischen. Eine Quicheform (26 cm) gut ausfetten und mit Grieß ausstreuen. Die Masse einfüllen und im heißen Ofen bei 160 Grad auf der mittleren Schiene ca. 50 Min. backen. Die Reistorte kann warm oder kalt, pur oder mit einem Obstkompott (z. B. Pflaumen oder Aprikosen) serviert werden.

Niers-Gebietes, insbesondere der Stadt und Gemeinde Viersen“: „Sehr beliebt ist der Kaffee, wird von manchen drei-, viermal im Tage getrunken und bildet manchmal nebst Butterbrot und Kartoffeln, namentlich bei alten Frauen und ärmeren Leuten, das einzige Nahrungsmittel. Man trinkt ihn schwach und mit Zichorien versetzt. Es ist leicht begreiflich, warum diese Menschen so allgemein blutarm und entkräftet sind und von Krankheiten heimgesucht werden, deren Charakter meist asthenisch ist. Hier und da vertritt der Nordhäuser Gesundheitskaffee den gewöhnlichen.“

Aufhalten ließ sich der Siegeszug des Kaffees zu diesem Zeitpunkt nicht mehr.

Und speziell am Niederrhein sorgte er – wie andere Kolonialwaren auch – für beachtliche Unternehmensgeschichten: So stand am Anfang der bis heute fortwährenden Geschichte der Familie Haniel in Duisburg – im Jahre 1756 – die Errichtung eines Lager- und Packhauses für Kolonialwaren. Aus Emmerich stammte einer der führenden deutschen Rohkaffee-Importeure, Alexius van Gülpen, der Mitinhaber des 1832 gegründeten „Drogen- und Colonialwaren-Detailgeschäfts Lensing & van Gülpen mbH" war. Gemeinsam mit dem Emmericher Ingenieur Theodor von Gimborn und dem Emmericher Kaufmann Johann Heinrich Lensing gründete er 1868 die „Emmericher Maschinenfabrik & Eisengießerei van Gülpen, Lensing & von Gimborn", in der fortan Röstmaschinen zur Verarbeitung des Rohkaffees hergestellt wurden. Van Gülpen hatte zuvor schon verschiedene Möglichkeiten zum Kaffeerösten in Verbindung mit kleinen Zimmeröfen, wie sie in privaten Haushalten anzutreffen waren, erprobt. Deutlich effizienter waren die in dem neuen Unternehmen industriell gefertigten so genannten „Emmericher Kugelröster", die Füllmengen von zweieinhalb bis 120 Kilogramm Kaffee verarbeiten konnten. Schon 1880 verkaufte das Emmericher Unternehmen jährlich mehr als 600 solcher Röster; im Jahre 1900 verließ der 50.000ste Röster das Werk. „Lensing & van Gülpen" gilt als älteste Kaffeemanufaktur Deutschlands und produziert heute in fünfter Generation hochwertige Kaffee- und Espresso-Spezialitäten. Aus der „Emmericher Maschinenfabrik & Eisengießerei van Gülpen, Lensing & von Gimborn" sind inzwischen die „PROBAT-Werke" geworden, ein Familienunternehmen, das sich zum Weltmarktführer im Bereich Kaffeeröstmaschinen und -anlagen entwickelt hat.

Ein Kolonialwarenladen stand auch am Anfang der Karriere von Josef Kaiser. Es war der – wie man am Niederrhein auch sagt – „Winkel" im Viersener Stadtteil Hoser, den Josefs Eltern betrieben und in den der Sohn 1880 eintrat. Josef wusste um die Gepflogenheiten der niederrheinischen Hausfrauen jener Zeit, die – den Empfehlungen der zeitgenössischen Koch- und Lebenskundeliteratur folgend – zumeist Rohkaffee kauften (der im übrigen auch deutlich preiswerter als gerösteter Kaffee war) und die Bohnen selbst in der Pfanne rösteten. Das Risiko, dass die Bohnen dabei verbrannten oder nicht gleichmäßig geröstet wurden und so den Geschmack des Kaffees nachhaltig beeinträchtigen, war groß. Daher begann Josef Kaiser, mit verschiedenen Geräten und Röstverfahren zu experimentieren, bis es ihm mit Hilfe eines gusseisernen Ofens und einer Röstpfanne gelang, eine gleichmäßige Röstung – und damit ein entsprechendes Kaffee-Aroma – zu gewährleisten. Die Qualität seines Kaffees sprach sich schnell herum. 1882 schon schaffte Josef Kaiser zwei Groß-Rösttrommeln an, wenig später einen Gasmotor. Aus der kleinen Kaffeerösterei entwickelte sich Schritt für Schritt eine Manufaktur. Und der kleine Winkel in Viersen wurde zur Keimzelle einer sukzessive aufgebauten

Russischer Kaffee

Für zwei Tassen
- 1/8 l heißer Kaffee Kaffee
- 2 TL Zucker
- 1/8 l Rotwein
- 2 EL Wodka

Gesüßten Kaffee und Rotwein zum Kochen bringen, anschließend den Wodka hinzugeben und das Ganze erneut bis zum Kochen erhitzen. Anschließend den Russischen Kaffee in ein dickes Kaffeeglas geben.

Pharisäer

Pro Tasse
- ca. 200 ml Kaffee
- 4 cl Rum
- 1 El Sahne (geschlagen)
- etwas Kakaopulver
- 1 TL Zucker

Den Kaffee kochen. Rum in eine hohe Tasse geben und mit Kaffee aufgießen. Etwas Zucker dazugeben, umrühren, einen EL Sahne darauf geben und etwas Kakaopulver darüber streuen.
Für „Pharisäer" gibt es sogar extra Tassen, aber Kaffeebecher mit einem Teller darunter tun es auch.

Echte Kaffeegenießer haben zu allen Zeiten ihr Lieblingsgetränk und dessen Zubereitung zu inszenieren gewusst. Das entsprechende Equipment – von der „Dröppelminna“ bis zur Kaffeemühle – gehörte immer dazu.

Filialkette: 1885 eröffnete Josef Kaiser die erste KAISER'S-KAFFEE-Filiale in Duisburg. Zu diesem Zeitpunkt war der durchschnittliche jährliche Kaffeekonsum in Deutschland schon auf 2,27 Kilogramm pro Kopf angestiegen. 1897 zählte das Filialnetz schon 100 Niederlassungen. Die lachende Kaffeekanne, Teil einer von Josef Kaiser systematisch ausgebauten Marketingstrategie, wurde 1904 als Schutzmarke eingetragen: Leicht modifiziert, ist sie bis heute als Logo erhalten geblieben – und erinnert an den Ausgangspunkt dieser erfolgreichen niederrheinischen Unternehmensgeschichte.

Für die Hausfrauen am Niederrhein bedeutete es einen erheblichen Fortschritt in ihrem Küchenalltag, wenn sie die Kaffeebohnen nicht mehr selbst rösten mussten. Ein komfortabler Ofen mit spezieller Rösttrommel, wie er im Grafschafter Museum in Moers zu besichtigen ist, dürfte wohl nur in Ausnahmefällen Platz in einer niederrheinischen Küche gefunden haben. Das Rösten in der Pfanne war ein heikles Unterfangen mit oft höchst fragwürdigem Ergebnis. Die fertig gerösteten Bohnen dagegen, die nur noch gemahlen werden mussten, waren Gewähr für gleichbleibend gutes Kaffeearoma.

Auch ohne Kaffeeröster waren in den niederrheinischen Küchen des 19. Jahrhunderts zusätzliche Anschaffungen vonnöten, ohne die die Kaffeekultur sich nicht hätte ausbreiten können. Dazu gehörten die bis weit ins 20. Jahrhundert noch von Hand betriebenen Kaffeemühlen ebenso wie die Kaffeetassen samt Untertassen (die lange

Schokotorte mit Amaretti

Zutaten
- 100 g Löffelbiskuits
- 100 g Amaretti
- 75 g flüssige Butter

Für die Füllung
- 450 g Zartbitterschokolade
- 600 g Sahne
- 5 cl Amaretto

Außerdem
- Fett für die Form,
- Kakaopulver zum Bestäuben
- 100 g Sahne
- 1 Päckchen Vanillezucker
- 6 Amaretti

Löffelbiskuits und Amaretti in einen Gefrierbeutel füllen, mit einem Nudelholz zerkrümeln und gründlich mit der flüssigen Butter vermengen. Den Boden der Springform einfetten, den Teig darauf verteilen und festdrücken.

Für die Füllung die Schokolade zerkleinern und im heißen Wasserbad schmelzen lassen. Die Sahne steif schlagen, den Amaretto unterrühren und die Schokolade unterheben. Die Schoko-Sahne-Masse auf dem Kuchenboden verteilen und glatt streichen. Mindestens 4 Stunden, am besten über Nacht, in den Kühlschrank stellen.

Die Torte zum Servieren dick mit Kakaopulver bestäuben.

Die Sahne mit Vanillezucker steif schlagen und 12 gleichmäßig verteilte Sahnekleckse auf den Kuchen setzen, jeweils ein halbiertes Amaretti darauf stecken.

durchaus auch zum Schlürfen des heißen Gebräus verwendet wurden). Auch Kannen waren erforderlich, aus denen die heiße Flüssigkeit eingeschenkt werden konnte. In Neuss wurden vor einigen Jahren bei Grabungsarbeiten zwei aus dem 18. Jahrhundert stammende Kaffeekannen entdeckt, die wohl von einem ortsansässigen Töpfer hergestellt, dann aber, weil misslungen, entsorgt worden waren. Getöpferte Kannen sind am Niederrhein aber eher die Ausnahme geblieben. Und auch die komfortablen metallenen Kranenkannen – die so genannten Dröppelminnas – dürften nur auf den Kaffeetischen der betuchteren niederrheinischen Familien Platz gefunden haben. Sie waren ursprünglich so konstruiert, dass sie von unten her auf einem Herd oder Ofen warmgehalten werden konnten. Moderne Modelle des frühen 20. Jahrhunderts ließen sich sogar mit einer Spiritusflamme oder – noch später – mit Elektrizität beheizen. Für die typische Bauern- oder Handwerkerfamilie reichte oft eine schlichte Emaillekanne, die allenfalls zum Sonntagskaffee durch das „gute" Porzellan-Gegenstück ersetzt wurde.

Gekocht wurde der Kaffee zunächst vorwiegend durch unmittelbares Überbrühen des Kaffeemehls mit kochendem Wasser. Zuweilen wurden auch Kaffeemehl und kaltes Wasser miteinander zum Kochen gebracht. Der Nachteil bei dieser Form der Kaffeezubereitung lag darin, dass immer ein Rest von Kaffeesatz in der Kanne bzw. in der Tasse verblieb und somit den Genuss des letzten Schlucks ganz erheblich schmälerte. Zwar waren in Frankreich schon um 1850 Filterkannen mit integriertem Metallfilter auf den Markt gekommen. Der eigentliche Durchbruch für den Filterkaffee erfolgte aber erst, nachdem es im Jahre 1908 Melitta Benz, der Frau eines Dresdner Kaffeerösters, nach vielen Experimenten gelungen war, einen Kaffeefilter mit einem ebenso strapazierfähigen wie porösen Papier zu kombinieren, durch das sich ein komplett satzfreier Kaffee produzieren ließ.

Melitta-Kaffeefilter und Filtertüten eroberten schnell auch die niederrheinischen Küchen. Allerdings blieben die wahren Kaffee-Expertinnen skeptisch: Bis weit in die 1960er Jahre hinein war in so mancher Küche der Melitta-Filter ein zwar praktisches, aber eher ungeliebtes Requisit. Und so manche Hausfrau schwor darauf, dass der Filterkaffee in Sachen Aroma nicht im entferntesten an Qualität und Güte des ungefilterten Kaffees heranreichen könne. So kam es vor, dass Gastgeberinnen, die ihren Gästen etwas besonders Gutes tun wollten, sich den „Luxus" eines zwar altmodisch zubereiteten, dafür aber unvergleichlich köstlichen Tässchens Kaffee erlaubten … ■

Tiramisu

Zutaten für 4 Personen

- 200 ml Espresso (oder starken Kaffee)
- 2 EL Amaretto (Anstelle des Amaraetto können auch Cointreau, Rum oder Cognac verwendet werden)
- 4 Eigelb
- 80 g Zucker
- 1/2 Vanilleschote
- 500 g Mascarpone
- 150 g Löffelbiskuits
- Kakaopulver (ungesüßt)

Brauen Sie den Espresso oder Kaffee und vermischen Sie ihn mit dem Amaretto, lassen Sie das Ganze abkühlen.
Das Eigelb und den Zucker schaumig schlagen, bis sich der Zucker aufgelöst hat.
Die Vanilleschote wird der Länge nach aufgeschnitten und das Mark herausgekratzt.
Das Mark zur Crème geben, den Mascarpone nach und nach unterrühren.
Tipp: Die Crème erhält einen fruchtig frischen Geschmack durch die Zugabe eines Teelöffels abgeriebener, unbehandelter Zitronenschale.
Nun eine runde oder rechteckige Form mit der Hälfte der Löffelbiscuits auslegen und diese mit ca. 100 ml Espresso tränken. Darauf die Hälfte der Mascarponecrème verteilen und diese glattstreichen. Nun die Form mit den restlichen Biskuits belegen, diese wieder mit Espresso tränken und die restliche Crème darauf verteilen.
Jetzt wird die Form mit Frischhaltefolie abgedeckt und für einige Stunden in den Kühlschrank gestellt. Vor dem Servieren das Tiramisu mit einer kräftigen Schicht Kakaopulver bestreuen, am besten mit Hilfe eines Siebes.

Wasser ist

Geschichte(n) rund um das Wasser in der niederrheinischen Küche

Nichts ist für uns so selbstverständlich wie fließendes Wasser in der Küche. Eine leichte Dreh- oder Hebelbewegung und schon heißt es: Wasser marsch. Wohl dosiert oder als kräftiger Strahl, kalt, lauwarm oder heiß, perfekt entkalkt und selbstverständlich frei von gesundheitsgefährdenden Schadstoffen – Wasser in der Küche ist Komfort pur. Wasser für den ersten Kaffee am frühen Morgen, Wasser, um frisches Obst für die Kinder zu waschen, den Frühstückstisch zu säubern, die Nudeln zu kochen und das Gemüse zu dünsten, einen Topf auszuspülen, zigfach die Hände und die Arbeitsflächen abzuwaschen – ein Tag ohne Wasser würde sofort zu einem Küchenchaos führen.

zum Waschen da

Dass man sich der sprudelnden Quelle aus dem Wasserhahn heute nahezu unbegrenzt bedienen kann (auch wenn Ökologen in der Praxis vernünftigerweise für einen maßvollen Umgang plädieren), lässt leicht vergessen, dass fließendes Wasser in vielen Küchen vor 100, ja sogar vor 50 Jahren noch keineswegs selbstverständlich war.

Erstaunlich genug, denn schon die alten Römer verfügten über ausgeklügelte Wasser- und Abwassersysteme. In Xanten existierten um 100 n. Chr. zur Versorgung der Veteranensiedlung Colonia Ulpia Traiana schon gemauerte Steinkanäle. In Neuss wurden bei archäologischen Grabungen Überreste eines uralten hölzernen Aquädukts gefunden, über das, so die Annahme, Wasser aus dem Rhein in ein Leitungssystem eingespeist wurde.

Im Mittelalter geriet diese fortschrittliche Wasserversorgung weitgehend in Vergessenheit. Angesichts der am Niederrhein vielerorts hohen Grundwasserstände genügte in den Städten und Dörfern zumeist die Anlage einer ausreichenden Zahl von Brunnen, über die der Wasserbedarf befriedigt werden konnte. Etwa seit dem 14. Jahrhundert entstanden so genannte „Pumpen- oder Brunnengemeinschaften", zu denen sich die Anwohner einer Straße oder eines Viertels zusammenschlossen. Es waren Versorgungsgemeinschaften, zugleich aber auch soziale Netzwerke, die sich dabei bildeten: Am Brunnen, beim Wasserholen oder beim gemeinsamen Wäschewaschen traf man sich, konnte Neuigkeiten austauschen und ein Schwätzchen halten. Noch heute erinnern Brunnen- und Pumpenfeste am Niederrhein an diese Tradition – so in Moers zum Beispiel, in Rees (Pumpenkirmes) oder auch in Wachtendonk.

Bis weit ins 19. Jahrhundert hinein bedeutete das Wasser aus den Brunnen, so nützlich es auch war, zugleich eine erhebliche Gefahr für die Gesundheit. Das lag nicht zuletzt daran, dass sich die Brunnen oft in unmittelbarer Nachbarschaft zu Abwasser- oder Fäkaliengruben befanden und Krankheitserreger im Erdreich unbemerkt in das Wasser

Wohl dem, der einen Waschbottich, ein so genanntes „Pännchen", sein Eigen nennen konnte.

Am Brunnen, beim Wasserholen oder gemeinsamen Wäschewaschen konnte man Neuigkeiten austauschen und ein Schwätzchen halten.

Bärlauchbrot

Zutaten

- 20 g Bärlauch
- 1 EL Olivenöl
- 1 EL Sonnenblumenkerne
- 10 g Parmesan
- 500 g Mehl
- 1 TL Salz
- 0,25 l Wasser
- 20 g Hefe
- 1 TL Zucker

Für das Bärlauchbrot wird ein Bärlauchpesto zubereitet. Frischen Bärlauch fein schneiden und mit Olivenöl in einen Mixbecher geben. Sonnenblumenkerne trocken und in der Pfanne rösten, bis sie anfangen zu duften. Sonnenblumenkerne, frisch geriebenen Parmesan und Salz zum Bärlauch geben und alles mit dem Pürierstab mixen. Mehl in eine Schüssel geben und 1 TL Salz zufügen. 250 ml lauwarmes Wasser in eine kleine Schüssel geben und mit frischer Hefe, Zucker und 1 EL Bärlauchpesto gut verrühren. Die Flüssigkeit zum Mehl geben und den Teig gut verkneten, bis er geschmeidig ist und sich vom Schüsselrand löst. Evtl. noch etwas lauwarmes Wasser zufügen. Hefeteig abgedeckt 30 Minuten an einem warmen Ort gehen lassen. Ofen auf 200 °C oder Umluft 180 °C vorheizen. Backblech mit Backpapier auslegen. Teig zu einem länglich ovalen Brotlaib formen. Bärlauchbrot mehrmals schräg einschneiden, mit Wasser bepinseln und ca. 30 – 40 Minuten auf mittlerer Schiene backen.

Wasserwerken markierte den Übergang von der nachbarschaftlichen Brunnen- zur zentralen städtischen oder regionalen Wasserversorgung: In Düsseldorf wurde 1870 mit dem Bau des ersten Wasserwerks begonnen, Duisburg folgte 1875, Krefeld 1877, Neuss 1882. Allerdings dauerte es gerade in den weitläufigen ländlichen Regionen des Niederrheins erheblich länger, bis fließendes Wasser auch im letzten Haushalt angekommen war. Selbst in den Jahren nach dem Ende des Zweiten Weltkriegs war es wenig mehr als die Hälfte aller Haushalte, bei denen schon Wasser aus der Leitung zur Verfügung stand.

Haushalts- und küchentechnisch gesehen war die Revolution, die mit dem Wasser kam, nicht weniger nachhaltig als die, die mit der Gas- bzw. Stromversorgung einherging. Das Wasser, das nun mit einem Drehen am Wasserhahn in eindringen konnten. Denn so wenig die Wasserversorgung systematisch geregelt und kontrolliert wurde, so wenig unterlag die Abwasserentsorgung einer kommunalen Kontrolle. Fäkalien wurden vielfach in Gruben gesammelt, die bei Bedarf abgepumpt wurden. Schmutzwasser wurde in den Rinnstein gegossen und in den nächstgelegenen Bach oder Fluss abgeleitet – der Grad der Verschmutzung war allenthalben sicht- und riechbar.

Aus der Not immer wiederkehrender Epidemien und Seuchen geboren und unter dem Eindruck der einsetzenden Hygieneforschung verbesserte sich die „Wasser-Lage“ auch am Niederrhein nach dem Ende des 19. Jahrhunderts. Der Bau von

Das Auslegen der Wäsche in der Sonne diente nicht nur dem Trocknen, sondern auch dem Bleichen.

Waschtische und Emaillebecken machten das Waschen in Küche zu einer entschieden komfortableren Angelegenheit.

der Küche verfügbar wurde, änderte die Einstellung zur Reinlichkeit fundamental: Nicht mehr nur sauber, sondern „klinisch“ rein musste fortan der gesamte Küchenbereich sein, wenn er denn den hohen Ansprüchen an einen wohlgeordneten Haushalt und eine umsichtige Haushaltsführung durch eine vorbildliche Hausfrau gerecht werden sollte. Seitdem wurde – und wird – in der Küche gewischt, geschrubbt und gespült, was das Zeug

hält. Und das Wasser ist zum allgegenwärtigen Küchenbegleiter geworden.

Auch die Kücheneinrichtung hat das Wasser nachhaltig verändert: Die stets mit Wasser gefüllten Eimer, die in Griffnähe zu Herd und Kochplatte standen, sind verschwunden. Aus den tragbaren Spülschüsseln der Großmütter wurden fest an der Wand montierte massive Spülsteine oder, etwas später, zierlichere Emaillebecken. Sie passten ebenso wenig ins Küchenkonzept wie die frühen Elektrogeräte und bildeten wie diese lange Zeit einen Fremdkörper im Kücheninterieur. Schließlich nahm sich jedoch das

Fließendes Wasser in der Küche revolutionierte das Verhältnis zu Sauberkeit und Hygiene.

Apfelgelee kann man aus noch nicht ganz reifen Äpfeln aus dem Garten zubereiten, da sie dann mehr Pektin enthalten und besser gelieren. Am besten bereitet man Apfelgelee aus einer herbsäuerlichen Sorte wie Boskop oder Cox Orange, da das Apfelgelee dann mehr Geschmack hat.

Apfelgelee

Zutaten

- 1,5 kg Äpfel
- 1 l Wasser
- 340 g Gelierzucker

Äpfel waschen, trockenreiben, Stiele und Blüten entfernen und mit Schale und Kerngehäuse je nach Größe vierteln oder halbieren und in einen großen Kochtopf geben. 1 Liter Wasser zufügen, einen Deckel auflegen und die Äpfel kurz zum Kochen bringen. Temperatur auf mittlere Stufe schalten und die Äpfel ca. 15 Minuten köcheln lassen, bis die oberen Früchte anfangen zu zerfallen. Nicht umrühren, da das Gelee sonst trübe wird. Ein großes Sieb mit einem Mulltuch oder sauberen Geschirrtuch auslegen und auf eine große Schüssel stellen. Äpfel in das Tuch gießen und sehr gut abtropfen lassen. Äpfel nicht ausdrücken, da das Gelee sonst eintrübt. Saft wieder in den Topf zurückgießen und ohne Deckel ca. 10 Minuten sprudelnd einkochen lassen. Man erhält ca. 3/4 Liter Geliersaft. Einen Messbecher oder einen Krug auf eine Küchenwaage stellen und den Saft abwiegen. Die Hälfte von dem Gewicht an Gelierzucker zufügen. Den Saft mit dem Gelierzucker noch einmal in den Topf geben, zum Kochen bringen und ca. 4 Minuten sprudelnd kochen lassen. Das Gelee möglichst heiß in ausgekochte Marmeladengläser füllen, gut verschließen und für einige Minuten auf den Kopf stellen. Die Gläser wieder umdrehen und das Gelee ganz abkühlen lassen. Die Menge reicht für ca. 3 Gläser.

ganzheitliche Prinzip der Einbauküchen, wie es in den 1960er und 1970er Jahren populär wurde, auch ihrer an.

Nicht zuletzt veränderte das Wasser den Umgang mit Lebensmitteln: Es konnte ja nicht schaden, Äpfel oder Birnen, die früher vor dem Verzehr höchstens mit einem Tuch abgerieben worden waren (im Zweifel hieß es: Dreck scheuert den Magen), einmal kurz abzuspülen, bevor man sie den Kindern zum Essen gab. Und wie viel praktischer war es, Salat und Gemüse aus dem Garten unmittelbar vor der Zubereitung in der Küche zu säubern, statt damit erst wieder nach draußen und an die Pumpe laufen zu müssen.

In Vergessenheit geraten ist heute, dass die Küche noch im frühen 20. Jahrhundert auch der Ort der Körperhygiene war. Ein eigenes Bad war selbst in Nachkriegszeiten noch Luxus. Solange Wasser noch mit dem Eimer ins Haus gebracht werden musste, gehörte eine Schüssel, meist mit passendem Krug, eine so genannte „Waschlampette", wie man am Niederrhein sagte, zur Schlafzimmerausstattung. Schlicht oder dekorativ verziert, aus Irdenware, Porzellan oder Emaille, diente sie dem, was wir heute allenfalls noch als „Katzenwäsche" bezeichnen würden. Täglich zu baden, womöglich mehrmals täglich zu duschen, wäre undenkbar gewesen. Badetag war einmal in der Woche, in der Regel vor dem Wochenende. Dann wurde im allgemeinen die Küche kurzerhand zum Bad umfunktioniert, eine Zinkwanne aufgestellt und mit heißem Wasser gefüllt. Nacheinander kamen dann die einzelnen Familienmitglieder an die Reihe, vielfach wohl mit dem Vater beginnend und beim kleinsten Kind endend. Da Wasser aber kostbar und das Heranschaffen und anschließende Erhitzen ausgesprochen mühsam war, wurde die Wanne nur einmal, im äußersten Fall zweimal gefüllt – auch wenn je nach Zahl der badenden Personen die Verschmutzung in dem Maße zunahm, in dem die Wassertemperatur abnahm – der letzte Wannenbenutzer musste es sprichwörtlich „ausbaden".

Ein so genanntes Küchenbad, bestehend aus Badewanne, Küchenspüle und fest installiertem Wasseranschluss.

Eine regelrechte Errungenschaft stellte da in den frühen Nachkriegsjahren die Entwicklung des so genannten. Küchenbades (mit dem klangvollen Namen „Freya") dar, bei dem die Badewanne in Verbindung mit der Küchenspüle und dem entsprechenden Wasseranschluss direkt fest installiert wurde. Auch am Niederrhein erfreute sich das Küchenbad in den 1950er und 1960er Jahren großer Beliebtheit, bis noch einmal rund zehn Jahre später die Einrichtung eines Bades eine neue Ära von Wohnkomfort einläutete.

Dem sparsamen Umgang mit Wasser bei der Körperhygiene entsprach die völlig andere Gewichtung des Themas Wäsche: Der Waschtag einer niederrheinischen Hausfrau war ein anstrengendes, tagesfüllendes Geschäft. In beengten räumlichen Verhältnissen musste die Küche auch dafür herhalten – zumindest im Winter, wenn man nicht im Freien, möglichst nah bei einem Brunnen oder einer Pumpe, arbeiten konnte. Zu den Zeiten, als noch längst nicht jeder Haushalt über fließendes Wasser verfügte, kam es nicht selten vor, dass sich die Hausfrauen zu einer Pumpengemeinschaft zusammentaten, um gemeinsam die Wäsche über die mitgebrachten Waschbretter zu rubbeln und sich gegenseitig zur Hand zu gehen. Keine Frage, dass zur damaligen Zeit, im 19. oder frühen 20. Jahrhundert, an Wäsche- und Kleiderkomfort, wie wir ihn heute kennen, nicht zu denken war. Täglich frische Unterwäsche, blütenweiße Bett- oder ebensolche Tischwäsche waren für den überwiegenden Teil der Menschen ein absolut unvorstellbarer Luxus.

Als am Niederrhein die ersten massiven Waschbottiche auf den Markt kamen, die in verniedlichender sprachlicher Verkleinerung „Pännchen" genannt wurden, wurde dem Wäschewaschen erstmals ein eigener Ort im Haushalt zugewiesen: Denn die Pännchen konnten nicht beliebig hin- und hergetragen werden; ebenso wenig konnten sie in der Küche fest installiert werden, dafür waren sie viel zu kompakt. Nur wer über einen eigenen (Keller-) Raum oder einen entsprechen-

den Anbau verfügte, konnte sich den Fortschritt eines solchen Apparates gönnen, der von unten mit Holz oder Kohle befeuert wurde, damit in dem großen Bottich im oberen Teil Wäsche und Waschwasser erhitzt werden konnten. Besaß man ein solches Gerät, war man in einer mehrfach glücklichen Lage: Denn im Zweifel ließ sich das Pännchen auch zum Verkochen von Viehfutter oder beim Schlachten verwenden.

Ergänzend zum Waschbottich stellte eine elektrische Schleuder schon einen gewaltigen Komfort dar, denn sie ersparte das mühsame Drehen der schweren, nassen Wäsche durch die Mangel. Elektrische Waschmaschinen kamen in Deutschland zwar schon in den 1950er Jahren auf den Markt. Allerdings sollte es am Niederrhein noch weitere 20 Jahre dauern, bis eine weitgehend flächendeckende Versorgung aller Haushalte mit den zeit- und kräftesparenden Apparaten gewährleistet war. Das vereinfachte Waschen, die Entwicklung „pflegeleichter" Stoffe und das wachsende Sauberkeitsbedürfnis der Menschen gingen in der Folge bei der Ausprägung jenes „Wäschekults", wie wir ihn heute kennen, Hand in Hand. Nicht einen Bruchteil von dem, was heute in einer Familie an schmutziger Wäsche wöchentlich anfällt, hätten unsere Großmütter überhaupt bewältigen können. Denn selbst für die damals erheblich geringeren Mengen an Wäsche benötigten sie ein Vielfaches an Zeit und Kraft. ■

Im Laufe des 14. Jahrhunderts entstanden so genannte „Pumpen- oder Brunnengemeinschaften".

Der nächste Winter kommt bestimmt

Vorratshaltung und Konservierungstechniken im Wandel der Zeit

Von der Hand in den Mund lebt es sich auf Dauer beschwerlich. Heute nicht zu wissen, womit morgen der hungrige Magen gefüllt werden könnte, war noch bis weit in die Neuzeit ein ungelöstes Menschheitsproblem. Und das, obwohl der Mensch schon seit seinen steinzeitlichen Anfängen auf der Suche nach Möglichkeiten war, um Nahrungsreserven „für schlechte Tage" anzulegen. Neben der Frage, was man wie zu möglichst schmackhaften und bekömmlichen Mahlzeiten verarbeiten könnte, zieht sich das Thema der Vorratshaltung wie ein roter Faden durch die Kulturgeschichte des Kochens und der Küche.

Lebensmittel haltbar zu machen, Fleisch, Fisch, Gemüse oder Früchte so zu konservieren, dass der Prozess des Verderbens gestoppt, zumindest hinausgezögert wurde, war auch am Niederrhein über die Jahrhunderte hinweg eine Aufgabe von existentieller Dimension. Denn es galt, die Natur zu überlisten und sich von ihren Launen unabhängig zu machen. Das bedeutete konkret, sich aus dem jahreszeitlich-saisonalen Rhythmus

Das Einwecken in Gläsern revolutionierte zu Beginn des 20. Jahrhunderts die private Vorratshaltung. Und das entsprechende Equipment fand reißenden Absatz.

zu lösen und in den ertragreichen für die ertragslosen Jahreszeiten vorzusorgen.

Solange wissenschaftliche Erkenntnisse fehlten, mit deren Hilfe sowohl die Verfallsprozesse von Lebensmitteln als auch die Wirkungsweisen bestimmter Konservierungsverfahren erklärt werden konnten, nahmen Erfindungsreichtum, genaue Beobachtung und Erfahrung ihre Stelle ein. Immerhin finden sich schon bei antiken Schriftstellern Beschreibungen zum Beispiel von ausgeklügelten „Kühlverfahren" – wie sie auch bei den Römern am Niederrhein zum Einsatz kamen: Lebensmittel wurden in Tonkrüge gepackt, die Krüge von außen befeuchtet und in Erdreich

Vorratshaltung im Keller

Unser Haus besaß nur einen Kellerraum. Mit Spaten und Schaufel haben wir vor dem Hausbau die Grube ausgehoben, ziemlich tief, damit ein guter Kühlraum entstehen konnte. Kühlschrank und Gefriertruhe erleichterten noch nirgendwo die Vorratshaltung. In der luftigsten Ecke am kleinen gusseisernen Fenster, das nur wenig Helligkeit in den Keller ließ, stand der Holzbottich mit dem eingesalzenen Fleisch und den Speckseiten. Nicht weit davon entfernt befand sich das Sauerkrautfass; der gestampfte Kohl verbreitete einen eigenartigen Geruch. Auch dem großen Tontopf mit den geschnippelten Fitzebohnen entwichen merkwürdige Dünste.

In einer anderen Ecke lagen hoch aufgeschüttet viele Zentner Kartoffeln. Der Vorrat musste bis zur nächsten Ernte reichen. Die Mohrrüben steckten im Sand einer Holzkiste, damit sie knackig blieben und roh oder für Kochgerichte Verwendung finden konnten.

Viele volle Einmachgläser reihten sich auf den Regalen. In den Spätherbstwochen durften sie noch nicht geöffnet werden, denn erst mussten wir das Gemüse aus dem Garten verbrauchen. Endiviensalat, Porree und Grünkohl konnten ja noch geerntet werden, und rote und weiße Kohlköpfe gab es noch genug für leckere Mittagsgerichte. Wenn es richtig kalt war, kam auch das rundköpfige Kraut in den Keller. Sauber wurden die Kohlköpfe nebeneinander gelegt.

Und weil damals im Winter das Federvieh immer eine Zeitlang die Eierproduktion einstellte, mussten vorsorglich die Hühnereier gesammelt und in eine Kalkmilch-Lösung eingelegt werden. Der Topf mit diesen Produkten stand neben der großen bauchigen Flasche mit dem Aufgesetzten und dem reichlich vorhandenen Speiseöl in einer Korbflasche.

Anni Gördes, Borken

eingegraben. Dadurch war über lange Zeit im Innern der Behälter eine Kühltemperatur von zehn Grad gewährleistet.

Auch Trocknen, Räuchern und Salzen waren als Konservierungsmethoden schon seit Urzeiten geläufig – und blieben es unverändert bis weit ins 19. Jahrhundert hinein, wenn es darum ging, für die einzelnen Haushalte aus den Ernteerträgen von Feld und Garten und der häuslichen Viehzucht den Eigenbedarf für einige Wochen oder (Winter-)Monate zu decken. Erst der Prozess der Industrialisierung revolutionierte die gesamte private Haushaltsführung einschließlich der traditionellen Vorratshaltung.

Den Weg von der sich selbst versorgenden Agrar- zur modernen Industrie- und Konsumgesellschaft markieren drei „revolutionäre" Innovationen: die Konservendose, das Weckglas und der Kühl- bzw. Gefrierschrank. Während die

Der Stolz jeder niederrheinischen Hausfrau – ein gut gefülltes Vorratsregal

Mit aufwendigen Werbekampagnen warb das Unternehmen Weck um die Gunst der deutschen Hausfrauen.

Konservendose Ende des 19. Jahrhunderts ihren – mit einigen Komplikationen verbundenen – Einzug auch in die Küchen niederrheinischer Hausfrauen hielt, eroberte das Weckglas seit dem frühen 20. Jahrhundert die Haushalte engagierter Selbstversorgerinnen im Sturm. Niederrheinische Hausfrauen übernahmen dabei die Rolle der „Geburtshelferinnen" für eines der ersten deutschen Markenprodukte – das „Weck-Glas". Die Revolution, die mit der Kälte kam, veränderte die private Vorratshaltung ein weiteres Mal grundlegend. Noch 1940 verfügten in Deutschland weniger als ein Prozent aller privaten Haushalte über die „domestizierte Kälte" in Form eines schrankartigen weißen Kühlgeräts – in den USA waren es zu dieser Zeit bereits mehr als neun Millionen. Schon knapp drei Jahrzehnte später war auch am Niederrhein eine nahezu hundertprozentige Marktsättigung erreicht: Platz für einen Kühlschrank war selbst in der kleinsten Küche.

Anders als in den großen Städten, wo im Zuge der Industrialisierung und des Mietwohnungsbaus kein Raum mehr war für den kleinen eigenen Selbstversorger-Garten, hat sich in der Ländlichkeit der meisten niederrheinischen Ortschaften die private Vorratshaltung aus dem eigenen Garten (und manchmal auch aus dem des freundlichen Nachbarn) teilweise bis in die Gegenwart erhalten. Kellerräume, in denen die Weckgläser neben der Gefriertruhe und neben der Holzkiste für die Einkellerkartoffeln stehen, sind heute noch keine Seltenheit.

Die Hausfrauen am Niederrhein waren somit in einer glücklichen Lage: Denn sie konnten parallel die unterschiedlichsten Konservierungsverfahren erproben und gegeneinander abwägen: Spargel aus der Gefriertruhe ist exzellent, tiefgefrorene Bohnen wiederum sind eher Geschmackssache, im Zweifel aber aus dem Weckglas leckerer; Fleisch gehört unbedingt in die Gefriertruhe; Sauerkraut muss nach uralter Tradition hergestellt sein, kann aber auch in Konservendosen gekauft werden; Erbsen aus der Konservendose sind den selbst eingekochten halbwegs vergleichbar – und zudem viel weniger mühsam im Supermarkt zu erstehen … Damit wurden sie einmal mehr zu Vorreiterinnen einer Entwicklung, die in jüngster Zeit im Zeichen einer neuen Ernährungs-Nachdenklichkeit und einer neuen Koch-Euphorie um sich greift. Dabei steht die Erfahrung

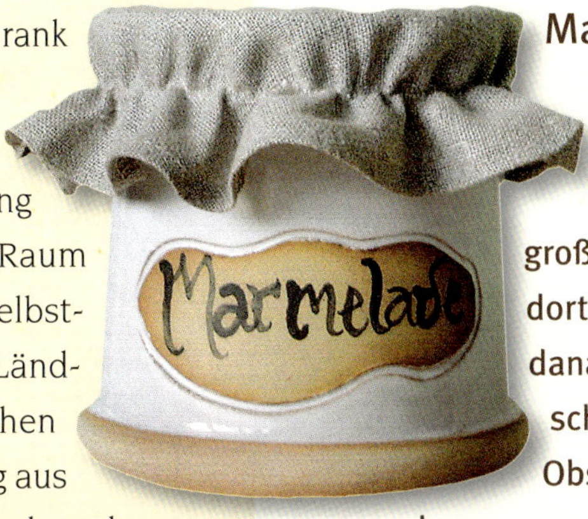

Marmelade kochen

Aus den Johannisbeeren wurde Gelee gekocht. Der Handwagen war voll. Zu Hause setzte Oma einen großen Topf auf den Herd, und die Beeren wanderten dort hinein. Im ganzen Haus roch es einige Zeit später danach. Wahre Duftschwaden wirbelten umher. Der schwere Holzlöffel hatte schon ganze Generationen von Obst durchgerührt, er war am unteren Ende ganz schwarz geworden. Den abgeschöpften Schaum schmierten wir uns zum Abendessen aufs Brot. Großmutter drückte die Masse in ein Leintuch, um den Saft herauszupressen, während Tante Leni inzwischen die Gläser und Gummis penibel sauber abwischte. In diese eingefüllt kam die Herrlichkeit in den Keller; das ganze Jahr über wurde davon gegessen … Das Einmachen zog sich den ganzen Tag hin. Mir kam es so vor, als ob tonnenweise Früchte eingemacht würden.

ANDREAS RIEDEL, KAMP-LINTFORT

Für ein ausgedehntes Frühstück – oder als liebevoll selbstgemachtes Präsent:

Brombeer-Birnen-Konfitüre

Zutaten:
- 600 g Brombeeren
- 400 g Birnen
- 500 g Gelierzucker 2:1
- 100 g gehackte Walnüsse
- nach Geschmack ein paar Spritzer Birnenschnaps

Die Beeren verlesen und kurz abwaschen. Die Birnen schälen, halbieren, das Kerngehäuse entfernen und die Hälften auf der Rohkostreibe grob reiben. Beeren und Birnenmasse mit dem Gelierzucker in einem Topf mischen, 2 Stunden ziehen lassen. Unter Rühren aufkochen und 2 Minuten sprudelnd kochen lassen. Zum Schluss die gehackten Walnüsse unterrühren, weitere 2 Minuten kochen lassen. Nach Belieben etwas Birnenschnaps hinzufügen. Dann die Masse in heiß ausgespülte Gläser füllen. Mit Twist-off-Deckeln sofort verschließen. Die Gläser auf dem Kopf stehend erkalten lassen.

Besonders aromatisch wird die Konfitüre, wenn man dazu wilde Brombeeren, wie sie vielerorts am Niederrhein zu finden sind, verwendet.

Zum Thema „Einwecken allgemein“ oder „Latwerge“ *:

Im Herbst, wenn die Zeit der Ernte kam, war unsere Familie in hohem Maße gefordert. Nach den Worten meines Vaters durfte nichts umkommen! Es wurden dicke Bohnen, Strauchbohnen, Stachelbeeren, Kirschen gepflückt und von Mutter mit Vaters Assistenz in unserer geräumigen Küche in den damals bekannten Weck-Einmachgläsern mit Gummiringverschluss im dazu gehörigen Weck-Einwecktopf mit Thermometer auf dem Homann-Küchengasherd eingekocht. Himbeeren, Johannisbeeren und Erdbeeren wurden zu Marmelade unter Zugabe von Zucker und Opekta-Geliermittel verarbeitet, in Gläser abgefüllt und mit einem Zellophanpapier luftdicht abgedeckt.
In der Waschküche des Hauses wurden im großen Waschkessel unter Hitzezufuhr des Ofenfeuers Fallobst, besonders Birnen, Birnen und nochmals Birnen zu Latwerge (Fruchtmus) verarbeitet, das wir Kinder jeden Tag morgens zum Frühstück von Mutter als Birnenmus zentimeterdick auf zwei Scheiben „Kommissbrot“ aufgetragen bekamen, bis mir der Appetit verging. Heimlich fütterte ich unseren zähnefletschenden Hund damit und ging lieber hungrig zur Schule. Was anderes gab es während der Birnenerntezeit zum morgendlichen Frühstück nicht als Brotaufstrich ... was zur Folge hatte: Birnen mag ich bis heute nicht!

FRIEDRICH WEBER, MÖNCHENGLADBACH

* vgl. auch Latwerge-Rezept

im Vordergrund, dass innovative Küchentechnik zwar jede Menge Komfort (unkomplizierte Convenience-Produkte, jede Menge Zeitersparnis) mit sich bringt, dass dabei aber sowohl der Lustfaktor des Kochens als auch eine oft mit Erinnerungen an Kinderzeiten verbundene und daher hoch emotionale Geschmacksvielfalt auf der Strecke bleiben.

„Einkochen ist modern. Mit individuellen Rezepten wird die Ernte aus dem eigenen Garten in den Winter gerettet“: So titelte eine deutsche Tageszeitung – nicht etwa in den Hunger-Nachkriegsjahren, sondern im Herbst des Jahres 2005. Die zeitgenössische Wiederentdeckung der alten Konservierungsmethoden ist nicht aus der Not früherer Zeiten, eher wohl aus dem Überfluss geboren. Nicht als erzwungene, sondern als lustvoll hobbymäßige Betätigung findet die konser-

Holunder-Latwerge – der etwas andere Brotaufstrich

Zutaten:

1 kg Holunderbeeren
300 g Zucker
Nelken, Muskat, Zitrone

Die Holunderbeeren vom Stengel zupfen und waschen. Anschließend die Früchte in einer Pfanne bei kleiner Temperatur mit wenig Wasser zum Platzen bringen. Durch ein Sieb oder ein Tuch passieren. Das Fruchtmark mit dem Zucker unter ständigem Rühren so lange kochen, bis sich eine dickflüssige Masse gebildet hat, die schwer vom Löffel fällt. Zum Schluss nach Geschmack mit etwas Muskat, Nelke und ein paar Spritzern Zitrone verfeinern. Eignet sich auch als Füllung für süße Crêpes oder Omeletts.

Kartoffeln wollen kühl und luftig gelagert werden. Angesichts der großen Verbrauchsmengen früherer Generationen bedurfte es u. U. zahlreicher Holzkisten, um einen ausreichenden Wintervorrat anzulegen.

vierende Verarbeitung von Lebensmitteln aller Art ihre zeitgenössische Rechtfertigung und Wiederentdeckung: Was schenkt man denjenigen, die eigentlich alles haben? Womit verwöhnt man zu besonderen Anlässen seine Lieben und sich selbst? Und könnte irgendetwas aromatischer, köstlicher, einfach leckerer schmecken als das, was man mit eigener Hände Fleiß zubereitet hat? Liebevoll mit der Herstellung leckerer Marmeladen, Chutneys oder Pasteten verbrachte Zeit wiegt allemal mehr als das Geld, das man in ein lieblos auf die Schnelle gekauftes Präsent investiert.

Glücklich diejenigen, die in Großmutters Keller noch auf ein stattliches – wenn auch längst verstaubtes – Sortiment an Weck- und Marmeladengläsern stoßen und womöglich dazu auch noch einen funktionstüchtigen Einkochkessel auftreiben können. Mühsame Anfänger-Fehler vermeidet, wer sich beim Pflaumenmus- und Marmeladekochen noch der Küchenerfahrungen aus frühen Kinder-

Schlehen-Birnen-Gelee

Zutaten:

- 1,2 kg Schlehen
- 1 kg Birnen, geschält und entkernt gewogen
- 1 kg Gelierzucker
- 3 Esslöffel Zitronensaft
- 40 ml Schlehenlikör

Schlehen sollen erst nach dem ersten Frost geerntet werden. In Zeiten moderner Gefriertechnik ist es aber auch kein Problem, sie vorher zu ernten und für einige Zeit im Gefrierschrank aufzubewahren, ehe man sie weiter verarbeitet. Für das Gelee die Schlehen mit den in Stücke geschnittenen Birnen in einen Topf geben, mit Wasser bedecken und weichkochen. Den Saft anschließend durch ein Tuch ablaufen lassen.
3/4 Liter Saft mit Zitronensaft und Gelierzucker vermischen.
Unter Rühren zum Kochen bringen, 4 Minuten sprudelnd kochen lassen.
Den Likör (besonders lecker, wenn selbst gemacht) unterrühren.
Das Gelee in heiß ausgespülte Gläser füllen, mit Twist-off-Deckeln verschließen und auf dem Kopf stehend erkalten lassen.

Die technischen Fortschritte in der Küche – vom Gasherd bis zum Kühlschrank – bedeuteten eine gewaltige Erleichterung für die alltägliche Hausarbeit.

jahren entsinnt, als Mutter und Tante kistenweise Obst aus dem eigenen Garten oder vom Wochenmarkt verarbeiteten.

Alles zu seiner Zeit und passend zum jeweiligen Anlass: Das ist der unschätzbare Vorzug des Nebeneinanders von traditioneller und innovativer Vorratshaltung heute. Das kulinarische Vergnügen liegt dabei in der Vielfalt und Breite der (Kombinations-)Möglichkeiten Das wiederum haben schon die alten Römer gewusst: Variatio delectat (Abwechslung erfreut)!

Aprikosen-Tomaten-Chutney

Chutneys stammen ursprünglich aus der indischen Küche und wurden von den Engländern während der Kolonialzeit nach Europa gebracht. Ihre Zubereitung ähnelt der von Marmeladen. Chutneys passen gut zu kurz gebratenem Fleisch, kaltem Braten, Fisch oder Käse und zahlreichen Fingerfood- oder Vorspeisenkreationen. Viele Obst- und Gemüsesorten, die am Niederrhein angebaut werden, eignen sich hervorragend zur Herstellung leckerer Chutneys.

Zutaten:

250 g Aprikosen
250 g Tomaten
200 g Möhren
(alles vorbereitet gewogen)
0,2 l Weinessig (weiß)
75 cl Aprikosensaft
2 TL Currypulver
etwas Chilipulver (nach Geschmack)
250 g Gelierzucker
Salz, Pfeffer

Aprikosen waschen, abtropfen lassen, halbieren, entsteinen, fein schneiden und 250 g abwiegen. Tomaten waschen, abtropfen lassen, kreuzweise einschneiden, kurz in kochendes Wasser legen, enthäuten, Stengelansätze entfernen, Fruchtfleisch würfeln und 250 g abwiegen. Möhren waschen, abtropfen lassen, schälen, sehr fein raspeln und 200 g abwiegen.

Früchte, Gemüse, Essig und Saft mit Gelierzucker in einen Kochtopf geben, unter Rühren zum Kochen bringen und 5 Minuten sprudelnd kochen lassen, dabei ab und zu umrühren. Chutney mit Salz und Gewürzen abschmecken und sofort in vorbereitete Gläser füllen, mit Twist-off-Deckeln verschließen, umdrehen und auf dem Kopf stehend abkühlen lassen.

Obst und Gemüse wurden in früherer Zeit im eigenen Garten oder auf dem Feld geerntet – und für die Wintermonate konserviert.

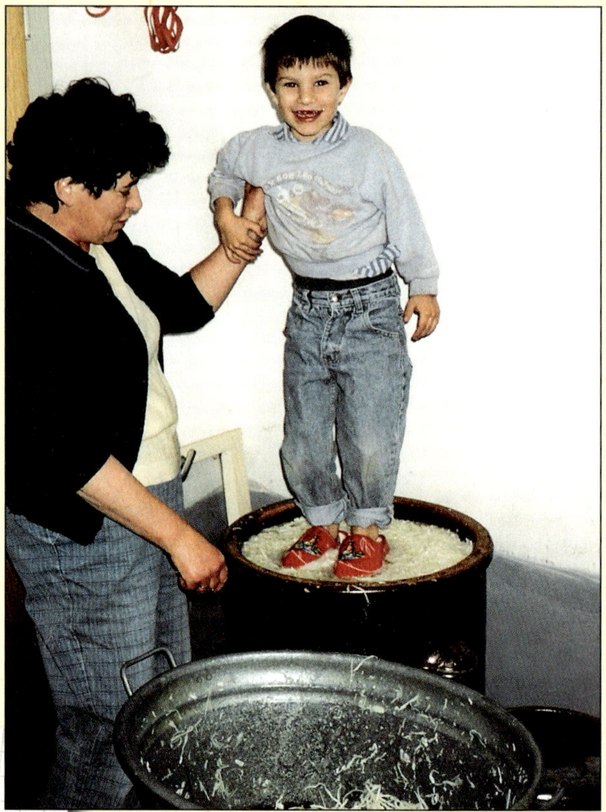

Sauer macht lustig – und ist gesund

Sauerkraut und Saure Bohnen, bis heute beliebte Wintergerichte (nicht nur) am Niederrhein, stehen für das Konservieren von Lebensmitteln in einer Zeit, in der weder über die Verfallsprozesse von Lebensmitteln noch über die Wirkungsweisen bestimmter Konservierungsverfahren wissenschaftliche Erkenntnisse vorlagen.

Schon in China und im antiken Griechenland sowie bei den Römern war das Verfahren, wie man aus Weißkohl durch Milchsäuregärung Sauerkraut herstellt, bekannt. Nachdem sich im 18. Jahrhundert die Erkenntnis durchgesetzt hatte, dass der hohe Vitamingehalt im Winter (oder auch bei monatelangen Aufenthalten auf hoher See) Mangelerscheinungen wie dem gefürchteten Skorbut Einhalt gebieten konnte, wuchsen Popularität und Beliebtheit des „Krauts" nur noch.

Daran änderte sich auch nichts, als Ende des 19., Anfang des 20. Jahrhunderts Konservendose und Weck-Glas zahlreichen anderen Gemüsen einen „konservierten" Winter-Auftritt ermöglichten. Bei rund 15 Kilogramm pro Kopf und Jahr lag damals, Schätzungen zufolge, der durchschnittliche Verbrauch. Wer mit Menschen am Niederrhein über Vorratshaltung in den 1940er und 1950er Jahren spricht, wird immer noch Geschichten über die mühsame und anstrengende Zubereitung von Sauerkraut zu hören bekommen. Die imposanten Reiben zum Schaben des Weißkohls und die großen braunen oder blau-grauen Steingutgefäße, wie sie in fast jedem niederrheinischen Heimatmuseum und in vielen Haushalten (zuweilen zweckentfremdet) zu bewundern sind, legen Zeugnis ab von dieser nachhaltig gepflegten Vorrats-Tradition.

Saure Bohnen (nieder-) rheinisch

Zutaten:

500 g saure Bohnen im Beutel
etwas Butter
etwas Milch
Salz, Pfeffer, Lorbeerblatt, Wacholderbeeren
1 Bund frisches Bohnenkraut
2 Zwiebeln
2 Möhren
125 g gewürfelten Räucherspeck
4 – 6 Scheiben Kasseler
500 g festkochende Kartoffeln
Muskat

Die Kartoffeln schälen und kochen. Die Zwiebeln schälen, würfeln und mit dem Räucherspeck in einer Pfanne auslassen.
Das Kasseler mit den in grobe Stücke geschnittenen Möhren, dem Wacholder und dem Lorbeerblatt 10 bis 15 Minuten kochen lassen. Anschließend den Topf vom Herd nehmen und mit der Restwärme nachgaren lassen.
Etwas von dem Kasselersud abnehmen und darin die Bohnen mit dem frischen Bohnenkraut 5 bis 8 Minuten kochen (die Bohnen sollten bissfest bleiben).
Die fertigen Salzkartoffeln abgießen, grob zerstampfen und mit etwas Milch, Butter, Muskat, Salz und Pfeffer abschmecken. Die gekochten Bohnen leicht unter die Kartoffelmenge heben. Das Kasseler zu der Kartoffel-Bohnen-Mischung anrichten und den ausgelassenen Speck mit Zwiebeln cross darüber geben.

Sauerkraut

Bis Ende der 1960er Jahre wurde bei uns zu Hause noch regelmäßig Sauerkraut hergestellt. Der schöne niederrheinische Spruch „Wer zu St. Martin Kappes klaut, der hat im Winter Sauerkraut" bildete sozusagen den Rahmen der Aktion. Natürlich wurde bei uns der Kappes nicht geklaut, sondern im Garten selbst gezogen und/oder beim Bauern zugekauft. So bin ich selbst sehr oft, immer am St.-Martins-Tag (11. November) losgeschickt worden. Zuerst mit einer kleinen Karre und später mit dem Fahrrad bin ich zu Bauer Trienikens an der Hinsbecker Landstraße gezogen, bezahlte 2 bis 5 DM und durfte mir dann auf dem Feld die fünf größten Kappesköpfe raussuchen. Das dauerte seine Zeit, und oft kam ich zwar mit sauberem Kohl, aber mit furchtbar schmutzigen Schuhen wieder nach Hause.

Dort waren schon die Vorbereitungen getroffen. Mutter hatte die „Döppen" – zwei große Steinguttöpfe – mit heißem Wasser saubergeschrubbt. Die Produktion spielte sich in der Waschküche ab. Vater hatte, von der Arbeit kommend, in einem Haushaltswarengeschäft (Anstötz) einen großen Gemüsehobel geliehen.

Die Kohlköpfe wurden halbiert oder geviertelt und dann eben gehobelt. Die Weißkohlraspel fielen in eine große „Bütt". Dann kam eine Schicht Kohl – ca. 10 Zentimeter dick ins Döppen – „aber feste anstampfen", sagte meine Mutter immer, dann wurde Salz darüber gestreut. So ging es schichtweise weiter, bis das Döppen voll war. Man brauchte nicht mal ein Pfund Salz. Dann wurde oben ein Leinentuch drüber gelegt, zwei Bretter kamen auf das Leinentuch und auf die Bretter ein oder zwei große Pflastersteine als Gewicht. Wenn die zwei Döppen voll waren, wurde mit viel Wasser sauber gemacht und dann musste man warten.

Ich weiß nicht mehr, wie lange es dauert, bis aus gesalzenem Kohl Sauerkraut wird; ich schätze, drei bis vier Wochen. Bis dahin gab es aber oft was zu tun. Alle paar Tage sammelte sich oben im Döppen eine eklig stinkende graue Brühe, die regelmäßig abgeschüttet bzw. abgeschöpft wurde. Außerdem mussten das Leinentuch, die Bretter und die Steine mit heißem Wasser abgespült werden. Es war eine schöne Plackerei. Das Wasser musste in der Küche im Flötekessel auf dem Gasherd heiß gemacht und zur Waschküche gebracht werden, aber das war einfacher, als das „Pänneken" in der Waschküche zu heizen.

Und dann gab es irgendwann zum ersten Mal zum Mittagessen Sauerkraut. Für Papa mit weißen Bohnen gekocht, für alle anderen ohne Bohnen. Die oberste Schicht schmeckte noch etwas fade, aber je tiefer man kam, um so besser wurde es. Der Vorrat hielt bis zum Frühjahr. So kamen wir vitaminreich durch den Winter.

Es gab auch noch ein drittes Döppen, für die grünen Fitschbohnen. Diese wurden auch saure Bohnen oder „suur Bonne" genannt. Strauchbohnen wurden dafür kleingeschnitten – im 45-Grad-Winkel. Dies geschah entweder mit einem scharfen Küchenmesser oder mit einem kleinen „Maschinchen" mit einer Handkurbel. Dann wurden die Bohnen aufgekocht – „wallen lassen" – heute nennt man es wohl blanchieren. Dann wurden die Bohnen auf ein Tuch geschüttet zum Abkühlen. Die erkalteten Bohnen wurden dann ebenfalls in einem „Döppen" – bei uns kleiner als die Sauerkrautdöppen – schichtweise festgedrückt und gesalzen. Darüber kamen wieder Tuch, Bretter und Stein, wie beim Sauerkraut. Die Prozedur mit der braun-grauen Brühe wiederholte sich auch hier. Und dann wurden aus gesalzenen Bohnen eben saure Bohnen.

Ulrich Büssers, Grefrath

Niederrheinischer Sauerkrautauflauf

Das traditionsreiche Wintergemüse – in zeitgemäßer Auflauf-Verpackung!

Zutaten:

600 g Sauerkraut
1 Zwiebel
500 g Hackfleisch, gemischt
500 g Kartoffeln, geschält, gekocht
500 g Zwiebeln, 1 Stange Lauch
50 g Paprika, eingelegt, in Streifen, aus dem Glas
250 g geriebener Käse
1/8 l trockener Weißwein
1 Becher Crème fraîche, 1 Esslöffel Butter
50 g Zucker
5 Lorbeerblätter
Salz, Pfeffer, Paprikapulver, edelsüß

Eine Zwiebel fein hacken und in einem Topf mit Öl glasig dünsten. Das Sauerkraut, den Weißwein, Zucker, Lorbeerblätter und Butter dazugeben und gut 5 Minuten kochen lassen. Die übrigen Zwiebeln in kleine Würfel schneiden, in einer Pfanne mit Öl anbraten. Das Hackfleisch dazu geben, mit Pfeffer, Salz und Paprika kräftig würzen, ca. 10 Minuten braten. Das Sauerkraut in eine gefettete, feuerfeste Form geben, das Hackfleisch darauf verteilen. Die gekochten Kartoffeln in Scheiben schneiden und die Sauerkraut-Hackfleisch-Masse damit abdecken. Die Paprikastreifen und den fein geschnittenen Lauch darüber streuen, die Crème fraîche mit einem kleinen Löffel darauf verteilen und den Käse darüber streuen. Das Ganze im vorgeheizten Backofen bei ca. 180 °C 25–30 Minuten überbacken.

Selbst als dann die Sauerkrautproduktion im privaten Haushalt allmählich zurückging, blieb die Verzehrmenge nahezu konstant.

Denn an ihre Stelle war – zum Beispiel im Raum Neuss – eine industrielle Sauerkrautproduktion getreten, die dafür Sorge trug, dass der Nachschub des deftig-gesunden Kohlgemüses rund ums Jahr gesichert war.

Die älteste, heute noch existierende deutsche Sauerkrautfabrik – das Unternehmen Leuchtenberg – ist denn auch in Neuss beheimatet, wo 1861 die Gründung erfolgte und wo die Firma bis heute produziert, was in deutschen Landen nach sauer eingelegten Gurken auf Platz 2 in der Beliebtheitsskala der Sauergemüse steht.

Dass die Böden in und um Neuss einen hervorragenden Weißkohl wachsen ließen, hatte bereits Theodor Hellersberg Mitte des 19. Jahrhunderts festgestellt, und auch, dass es ein durchaus einträgliches Geschäft sein konnte, den Weißkohl nicht nur roh, sondern auch als fertiges Sauerkrautprodukt zu verkaufen. 1848 führte er in Neuss die erste gewerbliche Sauerkrautfabrikation ein (die Firma wurde allerdings 1922 geschlossen); ihm folgte 1861 Josef Leuchtenberg mit einer eigenen, von Anfang an ausgesprochen erfolgreichen Betriebsgründung: Schon im Jahre 1863 vermerkt die zuständige Industrie- und Handelskammer, dass das Unternehmen Leuchtenberg sein Produkt nicht nur in die nähere und weitere Umgebung, sondern bis nach England, Frankreich, Spanien und Italien vertreibt. Bis zum Beginn des Ersten Weltkriegs hatten sich in der Stadt insgesamt neun Sauerkrautfabriken etabliert.

Verkauft wurde das Sauerkraut anfangs zumeist in irdenen Fässern – mit Größen zwischen einem Achtel, einem Viertel, einem halben oder einem Ohm. Ohm war eine damals noch gebräuchliche Volumeneinheit: Ein Ohm entspricht etwa 140 Litern. Wer ein solches Fass kaufte, deckte damit in der Regel den gesamten Winterbedarf ab und ersparte sich die Mühe der eigenen Herstellung und – unter Umständen – die Kosten für einen so genannten Kappusschaber, der im Herbst, mit entsprechendem Gerät ausgestattet, von Ort zu Ort und Haus zu Haus

„Sauerkraut"

Ich erinnere mich, dass mein Vater aus dem im Garten gezüchteten Weißkohl in der Küche in großen blaugrauen Steingutgefäßen Sauerkraut zubereitete. Harte Arbeit war es, den Kohl auf einem Schermesserbrett vorher klein zu hobeln und einzustampfen, um dann unter Zugabe von Salz den Gärprozess einzuleiten.

FRIEDRICH WEBER, MÖNCHENGLADBACH

zog und seine Dienste anbot.

Die Verbreitung der Konservendose Anfang des 20. Jahrhunderts kam auch der Sauerkrautindustrie zugute: Sie ermöglichte es, Sauerkraut auch in kleineren Mengen auf den Markt und an den Verbraucher zu bringen. Erst seit wenigen Jahren erfreut sich – neben der Konserve und neben dem „losen" Sauerkraut, das es in den meisten Metzgereien zu kaufen gibt, eine neue Form der Verpackung, der Folienbeutel, wachsender Beliebtheit.

Hobel und Fass waren vonnöten, um aus frischem Kohl leckeres Sauerkraut werden zu lassen.

Am Herstellungsverfahren für das Sauerkraut hat sich indes wenig geändert. Nach wie vor verläuft der Prozess des Einsäuerns nach dem traditionellen Verfahren, sieht man einmal davon ab, dass Menschenkraft (beim Hobeln der rohen Köpfe und beim Feststampfen der Masse in den Töpfen) heute weitgehend maschinell ersetzt wird. Von den ursprünglich neun Sauerkrautfabriken in Neuss existieren heute noch drei, wobei das Unternehmen Leuchtenberg das mit Abstand größte ist. Rund drei Millionen Weißkohlköpfe werden dort durchschnittlich pro Jahr verarbeitet, die von Landwirten vor allem aus der Region um Kempen zugeliefert werden. Der durchschnittliche Pro-Kopf-Verbrauch liegt heute bundesweit bei etwa 1,5 Kilogramm, deutlich weniger als noch vor 100 Jahren, aber auf diesem Niveau immerhin seit Jahrzehnten konstant.

Wenn frische Stangenbohnen zu „Fitschebonne" verarbeitet werden sollten, waren die kleinen mechanischen „Maschinchen" unersetzlich.

Die Verarbeitung Dutzender Kohlköpfe gehörte zu den anstrengenden Hausarbeiten.

Zur Produktpalette der Firma Leuchtenberg gehören auch die Sauren Bohnen, die allerdings

Rhabarber oder Kohl: Wenn die Ernte eingebracht werden musste, waren auf dem Feld viele fleißige Helferinnen und Helfer erforderlich.

einen regional sehr begrenzten Verkaufsartikel darstellen. Anders als der Kohl sind die grünen Gartenbohnen, die für die Herstellung der Sauren Bohnen (auch Salzbohnen, rheinische Schneidebohnen oder Fitze- (Fitsche-) Bohnen genannt) benötigt werden, erst seit dem 16. Jahrhundert in europäischen Gemüsegärten heimisch geworden. Ihre „saure" Karriere ist damit deutlich jünger als die des Sauerkrauts. Der Herstellungsprozess vollzieht sich analog zu dem es Weißkohls, wobei die rohen Bohnen gefädelt und in dünne, schräg verlaufende Scheiben „geschnibbelt" werden mussten. Wohl dem, der dazu über ein kleines mechanisches „Schneide-Maschinchen" verfügte, das den Aufwand erheblich minimierte. Die überaus strengen Düfte, die nicht nur den Gärungsprozess der Bohnen begleiten, sondern auch noch beim Kochen bemerkbar sind, haben möglicherweise verhindert, dass der Siegeszug der „Sauren Bohnen" ebenso erfolgreich verlief wie der des Sauerkrauts.

Heute werden in privaten Haushaltungen saure Bohnen kaum noch hergestellt. Dafür gibt es sie in Folienbeutel eingeschweißt im Kühlregal zu kaufen. Und (nieder-)rheinische Feinschmecker schwören darauf, dass sie, wenn man über den Geruch einmal großzügig hinwegriecht, eine wahre Delikatesse sind.

Sauerkraut und Kartoffelpüree

Nun war die Zeit da, wo der Kohl heranreifte. Sauerkraut gehörte zum Standardprogramm der Küche. Wir machten es zu Hause noch selbst. Wie die Witwe Bolte ging Mutter in den Keller, um das Kraut aus dem Fass zu holen.
In der Küche war harte Arbeit angesagt. Der Weißkohl wurde gewaschen und geschnitten. Schicht für Schicht stampfte Vater aufeinander. Dazwischen eine Lage Salz, und obenauf legte Vater ein Brett, das er mit einem Stein beschwerte. Es dauert einige Wochen, bis das Sauerkraut genussfertig ist. Wenn man bedenkt, dass der Gestank des gärenden Kohls entsetzlich war, so schmeckte es doch vorzüglich.
Auf dem Teller wurde dann alles zusammen „geknatscht". So isst man es hier am liebsten ... Die Reste wurden am nächsten Tag in einer Pfanne auf dem Herd angebraten. Besonders gut schmeckt Kartoffelpüree in der Pfanne gebraten. Mutter stand in der Küche und stampfte die Kartoffeln zu einem Brei. Mit Butter und Milch wurde die Masse verfeinert und anschließend mit Muskat abgeschmeckt. Dazu gab es Kasseler oder geräucherte Würstchen.

Andreas Riedel, Kamp-Lintfort

Ein ganzes Schwein in der Dose …

… oder was die niederrheinischen Hausschlachter im Handgepäck hatten

Die Konservendose hat drei geistige Väter – einen französischen, Francois Appert, der die Methode der Hitzesterilisation (in Gläsern) entwickelte, und zwei englische, Peter Durand und Augustus de Heine, denen es erstmals gelang, Gemüse und Fleisch in Blechdosen zu konservieren. Das war im Jahre 1810. 20 Jahre später wurden auch in Deutschland – in Seesen im Harz – die ersten Konservendosen hergestellt.

Das Verfahren war genial – bot es doch die Möglichkeit, Gemüse und Fleisch bei sachgemäßer Handhabung über Jahre auf Vorrat zu lagern. Das war ein Glück für die Soldaten im Feld und die Seefahrer, die die Weltmeere bereisten. Aber auch für Menschen wie die am Niederrhein, für die schlechte Erntejahre Hungersnöte zur Folge haben und den Tod von Mensch und Tier nach sich ziehen konnten, bedeutete die Appert'sche Konservierungsmethode einen zukunftsweisenden Schritt nach vorn, dessen Tragweite wir heute kaum noch ermessen können. Entsprechend euphorisch waren auch die Reaktionen darauf. Henriette Davidis zum Beispiel, die wohl berühmteste deutsche Kochbuchautorin des 19. Jahrhunderts, propagierte in ihrem Klassiker „Praktisches Kochbuch für die gewöhnliche und die feinere Küche“ (1. Auflage 1844/45, danach weitere 70, teilweise überarbeitete Neuauflagen) nachhaltig das Konservieren von Lebensmitteln in Blechdosen. Allerdings, so liest man bei ihr, sei die Technik des Einkochens selbst nicht ohne Tücke und „erfordere einen geschickten und zuverlässigen „Blechbearbeiter“: „Denn die kleinste unbedeutendste Öffnung von der Größe einer Nadelspitze bewirkt das Verderben des Gemüses“.

Vor allem für die Bevorratung von Fleisch und Wurst leistete die Konservendose gute Dienste. Über eine Verschließmaschine verfügten meist die von Hof zu Hof reisenden Hausschlachter.

In der Tat war die praktische Handhabung des Konservierens in Dosen im privaten Haushalt ausgesprochen aufwendig, mühsam und nicht zuletzt auch kostspielig.

Dosenhersteller wie das Unternehmen Züchner sahen sich genötigt, in tausendfach aufgelegten Broschüren den Verbraucherinnen den korrekten

Es gehört zu den Kuriositäten der Weltgeschichte, dass der Dosenöffner erst Jahrzehnte nach der Konservendose patentiert und vermarktet wurde.

Sterilisationsprozess und alle dabei zu beachtenden Details nahe zu bringen. Außerdem lieferten sie ergänzend zu den Konservendosen auch die notwendigen Verschlussmaschinen. Solche Dosen-Verschließmaschinen waren relativ groß und schwer – und entsprechend teuer in der Anschaffung. In der Regel rentierte sich das für eine einzelne Familie nicht, so dass meist – gerade auf dem Lande – eine Familie oder ein Handwerksbetrieb für den ganzen Ort den Kauf tätigte: Pro verschlossener Dose wurde ein Entgelt entrichtet und auf diese Weise die Refinanzierung der teuren Maschine sicher gestellt.

Obst und Gemüse in Konservendosen zu bevorraten, hat sich am Niederrhein nicht flächendeckend durchsetzen können. Dazu waren sowohl der Aufwand als auch die Kosten zu hoch. Wer allerdings die Möglichkeit und die Mittel hatte, in einem Lebensmittelgeschäft Konservendosen mit exotischem Obst, wie sie seit Ende des 19. Jahrhunderts vertrieben wurden – Ananas oder Mandarinen zum Beispiel –, oder Formosa-Stangenspargel zu erwerben, konnte sich der Begeisterung der Familie oder der Gäste angesichts einer solchen Köstlichkeit sicher sein.

Hausschlachtungen waren am Niederrhein auch in der Nachkriegszeit noch weit verbreitet.

Deutlich intensiver genutzt wurde die Dosenkonservierung für die Vorratshaltung von Fleisch. Hier leisteten die Konserven hervorragende Dienste, weil sie in all den Familien, in denen regelmäßig Hausschlachtungen stattfanden, eine sichere, schmackhafte und langfristige Alternative zu den traditionellen Konservierungsmöglichkeiten von Fleisch darstellten.

Schlachten

Meine Mutter bewundere ich heute noch, wie sie in ihrer Küche „Frau der Lage" war, wenn sie nach einem arbeitsintensiven Schlachttag übrig gebliebene Kleinreste von einem geschlachteten Schwein am Abend zu einer Metzelsuppe (Wurstsuppe) und Panhas (ein Gericht aus Wurstbrühe und Buchweizenmehl) zum Braten in der Pfanne vorbereitete.

Einem uns bekannten Metzger aus dem Ort hatte sich mein Vater damals anvertraut und ihn gebeten, unser Schwein, das wir im Schweinestall in unserem Garten hielten und gemästet hatten, zu schlachten und es zu Fleisch und Wurst zu verarbeiten. In gut verschlossenen Blechdosen wurde die in unserer Waschküche zu Blut- und Leberwurst verarbeitete Ware zur Bevorratung für die kommenden Monate in unserem Hauskeller gelagert. Geräucherter Schinken und Räucherwürste wurden an Fleischerhaken neben dem Obstregal aufgehängt. Auch Jahre nach dem Krieg konnte man mit den Markenabschnitten für Fleisch- und Wurstwaren, den noch bis zur Währungsreform (1948) monatlich ausgegebenen Lebensmittelkarten, nicht das kaufen, was man wollte oder brauchte, weil das Angebot nicht ausreichte, um den Bedarf zu decken.

Friedrich Weber, Mönchengladbach

Schlachten

„Leuker Hein – halbes Schwein – heut oder morgen“: Das stand auf einem Zettel, den meine Schwester, die fünf Jahre älter war als ich, geschrieben hatte. Mittags, Vater und Mutter waren auf der Arbeit, war ein für uns fremder Mann mit grünem Lodenmantel und grünem Hut bei uns gewesen. Er hatte geklingelt, und meine Schwester hatte mit ihm an der Tür gesprochen. Ich war damals ca. sechs Jahre alt, lauschte hinter der Tür und verstand nichts. Des Rätsels Lösung: Leuker Hein war ein unseren Eltern bekannter Bauer, der angefragt hatte, ob wir ein halbes Schwein kaufen wollten.
Nun, es wurde mir schnell klar, die Eltern wollten. Fleisch vom Metzger war teuer. Ein halbes Schwein war zwar auch Luxus, aber bezahlbar. Und einmal was anderes als die Kaninchen, die wir selbstverständlich auch nur fütterten, damit hin und wieder Fleisch im Topf war.
Nun schnappte ich Gesprächsfetzen auf: Därme besorgen, Pökelsalz, Oma Bescheid geben, Gerd muss kommen usw.
Dann, eines Morgens, als ich aus dem Bett kam, war es da: das halbe Schwein. Es lag in der Gänze – oder vielmehr halb – auf dem großen Küchentisch. Ein halber Kopf mit einem Ohr, ein Vorderbein, ein Hinterbein. Alles glatt und weiß-rosa.
Ich sah es sofort: Unsere Hälfte hatte auch noch das Ringelschwänzchen, allerdings nicht mehr geringelt, sondern glatt.
Und damit, das war mir klar, hatten wir großes Glück und die „größere Hälfte“.
Dann kam Gert. Gert war ein Freund von Papa und hatte scharfe Messer, einen Wetzstahl, eine Säge, und verstand es, das Schwein optimal zu zerlegen. So wurde der Hinterschinken sauber ausgelöst, der durchwachsene Speck in die richtige Größe geschnitten, fetter Speck ausgelöst, die Schweinefüßchen abgesägt, kleine Schinken „produziert“, das Ohr und das Schwänzchen abgeschnitten, die Koteletts geschnitten und durchgehackt. Dann lag das Schwein in Einzelportionen auf dem Tisch.
Gegen 9 Uhr kam Oma mit dem Fahrrad angefahren. Mama hatte inzwischen Einmachgläser gespült, den Einkocher bereitgestellt und die Döppen, in die im Herbst Sauerkraut und Fitschbohnen kamen, ebenfalls mit heißem Wasser gespült. An der Tischkante war der Fleischwolf angeschraubt. Ich musste kurbeln, was das Zeug hielt.
Im Ergebnis wurden Leberwurst und Blutwurst und Bratwurst hergestellt. Wie das nun im einzelnen ging, nach welchen Rezepten, weiß ich nicht. Es gab allerdings Variationen: Leberwurst im Glas und im Darm, Blutwurst ebenso. Die Schinken und der durchwachsene Speck wurden gesalzen und dann in die Döppen geschichtet. Die Einmachgläser wurden mit Brät gefüllt und dann eingekocht.
Am Abend war das ganze Schwein „verwurstet“. Im Glas, im Darm, im Döppen.
Das Döppen wurde in den Keller gesetzt. Die Würste waren abgekocht und trockneten an Stangen. Die Gläser standen in Reih und Glied zum Auskühlen auf dem Küchenschrank. Und dann kam der Abschluss: Es wurde Tüüt oder Panhas gekocht, streng nach dem Motto: Alles muss verwertet werden. Und was war noch da? Die Wurstbrühe, in der die Blut- und Leberwürste gekocht worden waren. Früher war die Brühe so fett, dass man extra Speck, wie heute oft üblich, weglassen konnte. Wenn die Brühe kochte, schüttete Mama Buchweizenmehl hinein, unter ständigem Rühren mit dem großen Kochlöffel. Das wurde so lange gemacht, bis die Masse anfing, fest zu werden und kräftig puffte: „Wenn de Tüüteschwengel dren stoan blievt on et puppt, dan esset joot.“

Dann wurde die Masse in kalt ausgespülte Porzellanschüsseln gefüllt. Nach dem Erkalten der Masse war der Tüüt fertig. Er wurde gestürzt, in Scheiben geschnitten und in der Pfanne knusprig gebraten. Dazu gab es Schwarzbrot mit Butter und Rüben- oder Apfelkraut. So ging ein aufregender Tag zu Ende.

Ulrich Büssers, Grefrath

Schlachten

Ganz früh am Morgen heizten die Frauen in der „Pottkamer" den großen Waschtopf mit Reisig und Holz an, damit das Wasser heiß war, wenn der Metzger, der den Hausschlächterberuf nur im Winter ausübte, vor „Tau und Tag" ankam. Uns Kindern war es verwehrt, beim Schlachten zuzuschauen. Aber das Blut, das Mutter in der großen Schüssel aufgefangen hatte, durften wir rühren, damit es nicht gerann. Und das heiße Wasser fand eimerweise Verwendung. Der Metzger und sein Helfer schleppten es zu dem abgestochenen Tier, gossen es darüber und begannen fix mit der Blechglocke, die Borsten abzukratzen. Das Brühwasser tat seine Wirkung, das Schwein präsentierte sich alsbald dem Betrachter weiß und glatt und prall und rund mit seinen nahezu vier Zentnern. Schlanke Fleischschweine waren im übrigen damals bei derb-biederen Landbewohnern nicht gefragt, damit konnte man niemanden beeindrucken.

Hing das Schwein dann an der Leiter, musste es aufgeschnitten werden. Die Innereien wanderten in die Wanne, der Schlachtkörper blieb zum Auskühlen den ganzen Tag draußen hängen ... Für die Frauleute gab es dann weniger Vergnügliches. Es galt, das Fett von den Därmen abzuzupfen und die Därme gründlich zu reinigen. Appetitliche Wohlgerüche waren es gerade nicht, die solchermaßen durchs Haus zogen ... Für Kinder war es immer ein Erlebnis, die gesäuberte Blase wie einen Luftballon aufzupusten. Sie fand nachher Verwendung beim Verwursten und diente neben dem Magen als Umhüllung für den Schwartemagen. Jene hausgemachten Würste wurden mit Nadel und Faden zugenäht, für die anderen Wurstarten benötigte man spitze Dornenstifte zum Zustecken und Verschließen. Die „Woustpiggen" suchte man kurz vor dem Schlachten an Dornenhecken, man trocknete sie und entfernte ihre dunkle Rinde.

Wenn die Därme gereinigt waren, bedeckte man sie mit Salzwasser und fügte wegen der geruchshemmenden Wirkung einige Porreestangen hinzu.

Am Abend des Schlachttages kam der Metzger mit seinen Schneidwerkzeugen wieder, um den zweiten Gang des Arbeitsablaufs in Angriff zu nehmen. Geschickt zerlegte er das Schwein, und viele Teile landeten im Pökelfass. Schinken, Speck, Dickbein, Pfoten und Schwänzchen wurden überwiegend auf diese Weise konserviert. Nach angemessener Lagerung kamen Schinken und Speckseiten an Fleischhaken befestigt auf eine waagerechte runde Holzstange, die dann zum Trocknen in die „Wieme" gehievt wurden.

Das Wursten und das Verarbeiten der anderen Fleischteile stand am Tag nach dem Schlachten an. Mettwurst, Leberwurst, Blutwurst, Zungenwurst und Schwartemagen waren hierzulande die gängigsten Wurstarten. Auf zwei Stühlen stand die große Wanne mit der Wurstfüllung, die durch den Fleischwolf und das davor befestigte Hörnchen in den Darm gedrückt wurde.

Jene Essensvorräte zierten später auch die Balkendecke, doch dieser Schmuck schmolz immer schnell dahin ob des guten Appetits damaliger, alles andere als übergewichtiger Zeitgenossen.

Anni Gördes, Borken

Im Gesamtspektrum der Koch- und Konservierungstraditionen nimmt das Thema Fleisch eine besondere Rolle ein. Denn noch vor 40 oder 50 Jahren war es keineswegs üblich, dass zu jeder warmen Mahlzeit auch ein Stück Fleisch auf den Tisch kam. Soweit hätten in vielen niederrheinischen Familien die Mittel nicht gereicht. Da mussten ein bisschen mitgekochter Speck oder ein Schweinepfötchen oft ausreichen, um der Mahlzeit für die schwer körperlich arbeitenden Familienmitglieder eine gewisse Nahrhaftigkeit zu geben.

Aufbessern ließ sich die Lage an der „Fleischfront", wenn ein paar Hühner, Gänse, Enten oder Kaninchen mit durchgefüttert wurden, die dann für ein leckeres Sonntags- oder Festtagsmenü geschlachtet werden konnten. Das war in der Regel Hausfrauensache – und wurde ohne größeren Aufwand bewerkstelligt.

Anders war es, wenn ein Schwein geschlachtet wurde: Da musste ein professioneller Schlachter hinzugezogen werden, der am Niederrhein vielfach selbständig arbeitete und von Hof zu Hof bzw. Haus zu Haus zog. Schlachttage war ausgesprochen arbeitsintensiv; sie verlangten das Mittun der gesamten Familie, absorbierten die ganze Küche und, soweit vorhanden, auch noch Waschküche und sonstige Nebenräume. Oft half man einander auch in der Nachbarschaft aus – und wurde am Ende dann mit einer guten „Schlachtportion" entlohnt. Bis alle Arbeiten, vom Schlachten des Tieres bis zum Wursten und der sorgfältigen Konservierung, erledigt waren, vergingen meist zwei komplette Tage. Schlachttermine waren häufig im Spätherbst und nach Weihnachten, so dass das produzierte Fleisch die „dürftigen" Wintermonate gut überbrücken half.

Die anerzogene und aus dem Mangel geborene Sparsamkeit gebot es, sämtliche Bestandteile eines Schweins einer Verwendung zuzuführen. Das eigentlich Problematische daran war die Konservierung: Denn die einzelnen Teile des Schweins mussten zum einen davor bewahrt werden zu verderben, gleichzeitig mussten sie vor Fliegen und anderem Ungeziefer geschützt werden. Bis zum Anfang des 20. Jahrhunderts gab es dazu nur die Möglichkeiten „klassischer" Konservierung durch Pökeln, Lufttrocknen oder Räuchern. Bratwurst wurde teilweise angebraten und in Gefäße gefüllt, die mit siedendem Schmalz luftdicht abgeschlossen wurden: So hielt sich die Wurst zumindest ein paar Wochen. Sämtliche Fleisch- und Speckreste fanden Verwendung in den Leber- und Blutwürsten. Die Wurstbrühe wurde mit (Buchweizen-)Mehl und Gewürzen zu köstlichem Panhas verarbeitet – auch heute für Liebhaber noch eine niederrheinische Delikatesse.

Insofern waren die Verbreitung der Konservendose und die Möglichkeiten, die sie gerade für das Lagern von Fleisch bot, ein wahrer Segen. Nicht zufällig waren es in den niederrheinischen Dörfern häufig die Hausschlachter, die die erforderlichen Dosen und eine entsprechende Maschine anschafften und für die fachgerechte Verarbeitung von Braten und Wurst Sorge trugen. Selbst auf den niederrheinischen Höfen sind Dosen-Verschließmaschinen eher selten, in privaten Haushalten nur in Ausnahmefällen angeschafft worden.

Erweitert wurde das Fleisch-Konservierungsspektrum später noch einmal durch die Möglichkeit, fertig gegarten Braten portionsweise in Weck-Gläsern zu bevorraten. Allerdings hat dieses Verfahren sich bei den niederrheinischen Hausfrauen nur sehr begrenzt durchsetzen können.

Liebling der niederrheinischen Hausfrau – das Weck-Glas

Technisch einfacher als das Konservieren in Dosen, allerdings auch mit höherem Risiko behaftet und ohne unbegrenzte Haltbarkeitsgewähr war das Einkochen in den sog. Weck-Gläsern.

Zum Einkochen, später auch „Einwecken" genannt, werden rohe oder gekochte Lebensmittel in Gläser gefüllt und mit einem Gummiring und einem Deckel verschlossen. Der Deckel wird mit einem Drahtbügel fixiert. Anschließend werden die Gläser im Wasserbad erhitzt. Die dabei entstehende Temperatur ist deutlich niedriger als beim Konservieren in Dosen – daher ist das Weck-Verfahren auch weniger effizient und weniger sicher. Und die goldene Einweck-Regel besagte, dass man eingeweckte Lebensmittel spätestens bis zur nächsten Ernte verbraucht haben sollte, nicht nur, weil dann die Gläser wieder benötigt wurden, sondern auch, weil Farbe, Konsistenz und Geschmack der eingekochten Produkte sich sukzessive veränderten.

Das „Einweck"-Verfahren als solches wurde ursprünglich entwickelt von dem Gelsenkirchener Chemiker Dr. Rudolf Rempel, der dafür im Jahre 1892 ein Patent erhielt. Johann Weck erwarb das Patent und gründete im badischen Öflingen eine Firma zur Herstellung der benötigten Sterilisiergläser und -geräte. Allerdings hatte er wenig kaufmännisches Geschick, und auch die erforderliche Werbung, um seine neuen Produkte den Hausfrauen „schmackhaft" zu machen, lag ihm nicht.

Ihm war jedoch zu Ohren gekommen, dass der am Niederrhein lebende und arbeitende Kaufmann Georg van Eyck, dem er die Bezirksvertretung für seine Erzeugnisse überlassen hatte, mit kolossalem Erfolg Weck-Produkte vermarktete. Van Eyck, 1869 geboren, war bereits in jungen Jahren in das elterliche Porzellan- und Töpferwarengeschäft in Emmerich eingetreten und bewies dort

Vom Niederrhein aus trat das Weckglas seinen Siegeszug durch die deutschen Küchen an.

sein Gespür für innovative Entwicklungen. Ende der 1890er Jahre nahm er die damals von Johann Weck angebotenen neuartigen Gläser und Apparate zum Einkochen von Gemüse, Obst und Fleisch in sein Sortiment auf. Während allenthalben in deutschen Landen die Resonanz der Hausfrauen

auf die neue Konservierungstechnik hoffnungslos gering war, bewies van Eyck, dass in ihm – wie man heute sagen würde – ein exzellenter Marketingstratege steckte: Denn er begriff, dass das Produkt erstklassig war, allerdings eben nicht selbst erklärend. Also veranstaltete er vielerorts am Niederrhein, in Kochschulen, Krankenhäusern oder Pfarrheimen, Vorträge, in denen er den Hausfrauen Schritt für Schritt die Vorzüge dieser neuen Konservierungsart erklärte und ihnen wertvolle Tipps zum Gelingen mit auf den Weg gab. Der Erfolg ließ nicht auf sich warten: Innerhalb von zwei Jahren verkaufte Georg van Eyck in Emmerich, Wesel und Umgebung mehr Weck-Gläser als alle anderen Geschäfte in Deutschland zusammen!

Grund genug für Johann Weck, Georg van Eyck zu sich nach Öflingen ins Unternehmen zu holen: Am 1. Januar 1900 gründeten die beiden die Firma „J. Weck & Co." Und hinter dem „Co." verbarg sich niemand geringerer als Georg van Eyck. Als Johann Weck, ein unsteter, rastloser Charakter, wiederum zwei Jahre später die Lust am Unternehmen verlor, übernahm van Eyck die Firma auf der Basis eines Lizenzvertrages. Zäh und beharrlich baute er im Deutschen Reich, aber auch in den angrenzenden europäischen Ländern, Österreich, Ungarn, Belgien, Holland, Luxemburg, Schweiz und Frankreich, ein Netzwerk auf, über das er die Einführung und den Verkauf seiner Weck-Produkte organisierte. Dabei übernahm er jene Strategie, mit der er am Niederrhein so erfolgreich gewesen war: Er stellte Hauswirtschaftslehrerinnen ein, die er als „Verkaufsberaterinnen" schulte und dann durch die Lande ziehen ließ. Parallel verbesserte er das Einkoch-System, die Form und Größen der Gläser

Johann Weck (1841 – 1914) war ein „Naturapostel" und setzte sich für eine natürliche und gesunde Lebensweise ein. Das „Einwecken" und die „Weck-Gläser" halten bis heute die Erinnerung an ihn lebendig.

Georg van Eyck, 1869 in Emmerich am Niederrhein geboren, läutete mit seinen geschickten Vermarktungsaktivitäten den Siegeszug des Weckglases ein.

sowie die Qualität der Gummiringe und aller weiteren notwendigen Zubehörteile. Sie alle trugen fortan, mit dem Namen „Weck" und der bis heute bekannten Erdbeerfrucht als „Logo" ausgezeichnet, den Namen in die Welt hinaus und etablierten WECK als eines der ersten deutschen Markenprodukte überhaupt – inklusive der zugehörigen Sprachschöpfung: Denn für den Begriff „Einkochen" wurde künftig vielerorts auch das Wort „Einwecken" üblich.

In den Jahrzehnten bis zum Ende des Zweiten Weltkriegs wurde Hunderte von Millionen von

In zahllosen Publikationen und öffentlichen Veranstaltungen wurden den Hausfrauen die Vorzüge des modernen Einweckens nahe gebracht.

Marmorkuchen aus dem Weckglas

Kuchen auf Vorrat im Regal stehen zu haben, ist praktisch, wenn sich spontan Gäste anmelden. Aber auch als „süße" Geschenke eignen sich die Kuchen im (Weck-) Glas hervorragend.

Für die Herstellung von Kuchen im Glas benötigt man sog. Sturzgläser, die in unterschiedlichen Größen u. a. direkt bei der Fa. Weck zu bestellen sind.

Zutaten (für ca. 7 Sturzgläser à 1/2 Liter oder 3 – 4 Sturzgläser à 3/4 Liter:

- 220 g Butter
- 220 g Zucker
- 1 Päckchen Vanillinzucker
- 4 Eier
- 500 g Mehl
- 1 Päckchen Backpulver
- 1/8 l Milch
- 30 g Kakao
- 2 – 3 Esslöffel Rum nach Geschmack

Die Butter schaumig rühren. Abwechselnd Zucker/Vanillinzucker und die Eier (jeweils einzeln) unterrühren. Die Masse schön schaumig schlagen. Das mit Backpulver gemischte Mehl abwechselnd mit der kalten Milch unterrühren. Dabei nur so viel Milch verwenden, dass der Teig schwer reißend vom Löffel fällt. Die Gläser gut einfetten und mit Paniermehl ausstreuen.

2/3 der Teigmasse auf die Gläser verteilen. Unter den restlichen Teig den Kakao und den Rum rühren. Diese Masse auf den hellen Teig geben. Mit einer Gabel spiralförmig durch die helle und die dunkle Teigschicht ziehen. Die Sturzgläser jeweils nur bis zur Hälfte füllen.

Prinzipiell kann Kuchen im Glas „klassisch" im Einkochkessel gebacken werden. Einfacher geht es, wenn die Kuchen im offenen Glas zunächst im Backofen gebacken und dann verschlossen werden. Diese Methode hat auch den Vorteil, dass die Kuchen herzhafter schmecken.

Dazu die offenen Gläser in den leicht vorgeheizten Backofen schieben und mit Mittelhitze im Elektro-Herd (180 – 190° C), im Umluftherd (160 – 170° C), im Gasherd (Stufe 2 – 3) backen. Backzeit 60 – 90 Minuten. Stricknadelprobe!

Während der Herstellung des Kuchenteigs werden die Gummiringe bereits in einer Schüssel mit kaltem Wasser eingeweicht. Wenn die Kuchen fertig gebacken sind, werden die Gläser mit Topfhandschuhen aus dem Backofen heraus geholt. Auf jeden Glasdeckel wird ein feuchter Gummiring gelegt; Deckel mit Gummiring auf das Glas legen und mit Klammern verschließen. Wenn der Kuchen komplett ausgekühlt ist, können die Klammern abgenommen werden.

An kühlem Ort bleiben die Kuchen im Glas einige Monate frisch und haltbar.

Weckgläsern produziert und vertrieben. Ohne sie konnten sich Hausfrauen in Deutschland wie in Europa nach einer kurzen Phase der Eingewöhnung eine effektive Vorratshaltung überhaupt nicht mehr vorstellen. Der Niederrhein, so weisen es die Archive der Firma Weck aus, gehörte zu den Regionen, in denen das Einwecken besonders intensiv betrieben wurde – und das nicht nur wegen der nachhaltigen Vermarktungsaktivitäten Georg van Eycks. Ebenso bedeutsam war dabei die Fruchtbarkeit der Böden, die für Gemüse ebenso wie für viele Obstsorten gute Wachstumsbedingungen boten. Dem Niederrhein quantitativ überlegen waren nur jene Regionen im Süden und Osten Deutschlands, in denen die Produktion von Sauerkraut deutlich geringer war als am unteren Rhein, wo also ein größerer Vorrat an anderen Gemüsen erforderlich war, um die Haushalte über den Winter zu bringen.

Auch als in den 1960er und 1970er Jahren Kühlschrank und Gefriertruhe ihren Siegeszug in Küche und Keller antraten, blieben die niederrheinischen Hausfrauen der traditionellen Einweckmethode treu. Nichts war schlimmer als der Anblick ganzer Regalwände voller leerer Gläser, die ungute Erinnerungen an den Mangel der Kriegsjahre auslösten. Allerdings war es mittlerweile keine Katastrophe mehr, wenn die Pflaumen einmal wurmstichig waren und die Ernte eher mager ausfiel oder die Kirschen alle von den Vögeln weggefressen worden waren: Das längst flächendeckende Netz von Lebensmittelläden und Supermärkten mit kostengünstigen Angeboten ließ keine Versorgungsengpässe mehr entstehen. Und so manche Frau, die inzwischen nicht mehr nur Hausfrau und Mutter war, sondern auch einem Beruf nachging, fühlte sich durchaus entlastet, wenn sie allenfalls zum Vergnügen – und weil es eben immer noch besser schmeckt – einen kleinen Vorrat in Weck-Gläsern anlegen konnte, ohne den einstigen Zwang der Notwendigkeit.

Immerhin ist nach Angaben des Hauses Weck die Zahl der in privaten Haushalten bundesweit eingeweckten Konserven seit Jahrzehnten konstant – auf einem bemerkenswert hohen Niveau: Eine Milliarde Gläser werden demzufolge jährlich noch gefüllt – davon 300 Millionen mit Marmeladen, 600 Millionen mit Kompotten und Gemüsen und 100 Millionen mit Fleisch. Einige zehntausend neue Gläser werden Jahr für Jahr noch verkauft. Der Rest rekrutiert sich aus den vorhandenen Beständen – Gläsern, die u. U. schon Mutter und Großmutter benutzt haben und die, wenn man sie ließe, eine Menge über Hausfrauen-Vorratsleid und -freud erzählen könnten …

Küchenidyll mit hübsch verziertem Kohleherd, Einkochapparat und Weckgläsern

Eis-Zeit in niederrheinischen Küchen ...

oder: Vom Fortschritt, der aus der Kälte kam

Alles, was gut ist, ist heute „cool". Und alles, was „cool" ist und aus dem Kühlschrank kommt, die Milch und das Bier und die Wurst, wissen wir zu schätzen: Denn kalt ist frisch. Und frisch ist gut. Merkwürdig nur, dass der Käse erst richtig schmeckt, wenn man ihn vom Eise befreit hat und Tomaten und Obst ihr Aroma erst entfalten, wenn sie Raumtemperatur angenommen haben. Die Innovationen, die mit der modernen Kühltechnik Einzug in die Küche hielten, bedeuten Segen und Fluch zugleich: Segen, weil sie viele leicht verderbliche Lebensmittel vor dem schnellen Verderben bewahren und ein riesiges Spektrum neuer Produkte, z. B. auf der Basis von Milch, marktfähig gemacht haben; Fluch, weil die simple Handhabbarkeit des Kühlschranks (kühlen kann jeder) der Ansicht Vorschub leistete, dass mit dem Einzug der Kälte in die Küche jegliches Vorrats- und Lagerhaltungsproblem gelöst sei.

Einen frühen Vorläufer der Kühlschränke bildeten die Eiskisten oder Eisschränke, die regelmäßig mit Natureis befüllt werden mussten. Einer der schon Ende des 19. Jahrhunderts bekannten Hersteller solcher Geräte saß in Düsseldorf an der Bilker Allee, das Unternehmen Werner & Bardach. Das für den Betrieb der Apparate notwendige Eis wurde in Stangen oder Blöcken von so genannten Eismännern geliefert, meist ein- bis zweimal pro Woche. Solche Eisschränke kamen in kleineren Lebensmittelläden oder Milchhandlungen zum Einsatz, in privaten Haushalten nur vereinzelt, denn dafür war ihr Betrieb, vor allem die kontinuierliche Befüllung mit Eis, zu aufwendig und zu teuer. Natureis wurde im 19. Jahrhundert am Niederrhein auf den Flussläufen und (zum Teil künstlich angelegten) Seen gewonnen und vielfach in speziellen Kellern, wie sie vor allem die zahlreichen kleineren und größeren Brauereien besaßen, gelagert. Nachdem Carl von Linde 1876 sein Patent für die Erfindung der so genannten Kompressionskältemaschine erhalten hatte, kamen Eisfabriken hinzu, in denen Eis künstlich produziert werden konnte, so zum Beispiel die Eisfabrik Schramm im niederrheinischen Kapellen. Die Kühlmaschinen selbst waren zu dieser Zeit noch riesige Ungetüme, die in keine Küche passten, sondern nur in Brauereien oder Schlachthöfen eingesetzt werden konnten.

1925 brachte die schwedische Firma Elektrolux den ersten Kühlschrank auf der Basis der nutzungsfreundlichen Absorptionstechnik auf den Markt. Aber noch 1940 verfügten in Deutschland zum Beispiel weniger als ein Prozent aller privaten Haushalte über die „domestizierte Kälte" in Form eines schrankartigen weißen Kühlgeräts. Die eigentliche Kühlschrank-Ära begann in Deutschland erst in der Nachkriegszeit, dann jedoch erfolgte der

Durchbruch der innovativen Technik mit rasanter Geschwindigkeit. Innerhalb von wenigen Jahrzehnten wurde eine nahezu hundertprozentige Marktsättigung erreicht: Platz für einen Kühlschrank war selbst in der kleinsten Küche.

Während der Kühlschrank den kurzfristigen Frischebedarf abdeckt, zielen Gefrierschrank und -truhe auf das fast schon archaische menschliche Bedürfnis nach Vorratshaltung. Nichts schlimmer, als von der Hand in den Mund leben zu müssen, nichts angenehmer, als mitten im Winter köstlichen Spargel – wie frisch – auf den Tisch bringen zu können oder in Windeseile, wenn unvorhergesehener Besuch vor der Tür steht, ein Tiefkühlmenü zu zaubern. Die Tiefkühlgeräte zu Hause mit ihren langfristigen Lagermöglichkeiten sind die moderne Variante des Vorratskellers: In einer ländlichen Region wie dem Niederrhein erfuhren sie eine ganz besondere Wertschätzung. Grund dafür war vor allem das in ländlichen Haushalten traditionell sehr viel stärker ausgebildete Vorratshaltungsprinzip. Während Menschen in modernen städtischen Haushalten angesichts kleiner Wohnungen, kleiner Keller und eines allzeit reichlichen Warenangebots sich spätestens seit den 1960er Jahren nur noch in sehr beschränktem Umfang Vorräte anlegten, nutzten niederrheinische Hausfrauen die neue Möglichkeit der tiefgefrorenen Bevorratung, um die in Dosen oder Gläsern konservierten Lebensmittel sinnvoll zu ergänzen. Vor allem auf den kleineren oder größeren bäuerlichen Betrieben, die auch bis weit in die 1970er Jahre noch regelmäßig selbst schlachteten, war eine Gefriertruhe zur Lagerung der Fleischvorräte ein wahrer Segen. Dabei stand die Eigenproduktion nachhaltig im Vordergrund. Erst in zweiter Linie, wenn überhaupt, wurden hier Gefriertruhen benutzt, um tiefgekühlte Convenience-Produkte (von Pizza bis Kuchen) zu lagern.

Kühlschrank und Gefriertruhe sind – wie der Herd oder die Kaffeemaschine – längst zu einem selbstverständlichen Teil des Konsum- und Küchenalltags geworden. Diese Selbstverständlichkeit hat die ursprüngliche Kälte-Euphorie nachhaltig relativiert. Dass das Kühlen und Gefrieren von Lebensmitteln Vor- und Nachteile hat wie alle anderen Konservierungsverfahren auch, hat sich längst herumgesprochen. Und in dem Maße, in dem sich dieser differenzierte Umgang durchsetzt, kommen auch die alten, vorübergehend eher an den Rand gedrängten Kulturtechniken der Vorratshaltung wieder zu ihrem Recht.

Zeitgemäßes Umwelt- und Ernährungsbewusstsein leisten dazu ebenfalls einen Beitrag: Denn wir lernen, dass es ökologisch sinnvoller ist, auf eigene regionale Produkte zurückzugreifen, statt im Winter frische Bohnen über Tausende von Kilometern einfliegen zu lassen. Und wir wissen, dass ein gut gelagerter Apfel im Winter um ein Vielfaches gesünder ist als die aus Spanien importierten Erdbeeren, die u. U. hochgradig chemisch belastet sind und darüber hinaus noch nicht einmal schmecken.

So eröffnet nicht zuletzt der Rückgriff auf Bewährtes neue Perspektiven für die Zukunft. ■

Optisch eher sperrig präsentierten sich die frühen Kühlschrankmodelle, denn die Kühltechnik beanspruchte noch viel Raum; der eigentliche Kühlraum war noch klein.
Die Gefriertruhen (oben rechts) wurden selten in der Küche aufgestellt, sondern meist im Keller oder in separaten Vorratsräumen.

Fleißig, fromm und frohgemut

Niederrheinische Hausfrauen

Allen, allen Töchtern nah und fern –
die nach alter Sitte auch noch gern
sinnig fein in Küch' und Keller walten,
um den Wohlstand aufrecht zu erhalten:
Nichts nur stets verbrauchen und verwenden –
nein, auch schaffen mit geschickten Händen;
nicht die Zeit vertändeln, nicht nur sticken –
stopfen, stricken auch und flicken;
auch im Gartenbau sich tüchtig üben,
Fleiß und Sparsamkeit und Ordnung lieben;
nicht verschmäh'n, was einst als Hausfrau ehrt
und wodurch des Mannes Glück sich mehrt;
die zur Hülfe, nach des Herrn Gebot,
gern sich wenden bis zur stillen Noth,
pflichtgetreu zum Wirken stets bereit –
ihnen allen sei dies Werk geweiht!

Henriette Davidis, Zueignung,
in: Der Beruf der Jungfrau, 6. Aufl. 1876

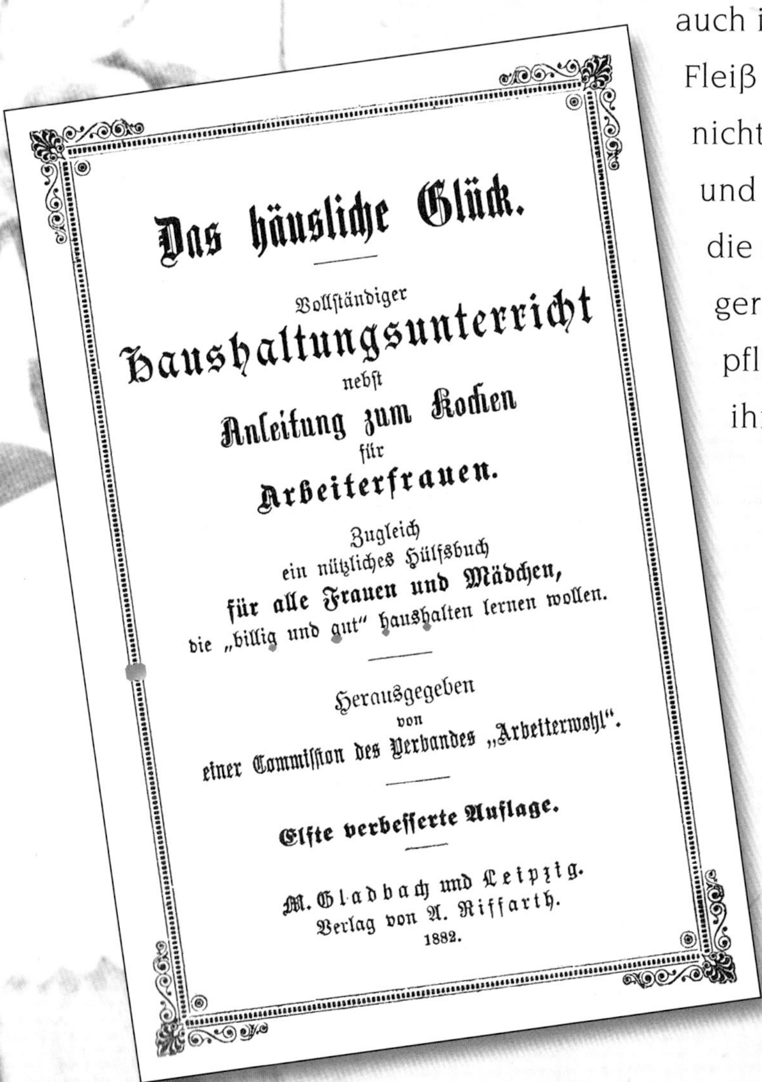

Das häusliche Glück.

Vollständiger
Haushaltungsunterricht
nebst
Anleitung zum Kochen
für
Arbeiterfrauen.

Zugleich
ein nützliches Hülfsbuch
für alle Frauen und Mädchen,
die „billig und gut" haushalten lernen wollen.

Herausgegeben
von
einer Commission des Verbandes „Arbeiterwohl".

Elfte verbesserte Auflage.

M. Gladbach und Leipzig.
Verlag von A. Riffarth.
1882.

Wir können uns die Veränderungen, die sich im Verlauf des späten 19. und frühen 20. Jahrhunderts für die Frauen – insbesondere für die im ländlichen Raum – ergaben, nicht groß genug vorstellen. Sie betrafen den Bereich ihrer schulischen Bildung ebenso wie die Frage ihrer Berufstätigkeit und ihre politisch-gesellschaftliche Rolle ebenso wie ihre Stellung in Haushalt und Familie.

Seit 1825 galt auch am Niederrhein die allgemeine Schulpflicht für Kinder vom 6. bis zum 14. Lebensjahr. Bis zu dieser Zeit war Schulbildung in hohem Maße vom sozialen Stand der Familie abhängig gewesen: Söhne aus „gutem Hause" wurden durch Privatlehrer ausgebildet oder kamen in die Gunst des Besuchs einer Klosterschule. Ihre Schwestern wurden, wenn überhaupt, von Nonnen oder in exklusiven privaten Mädchenpensionaten unterrichtet, wobei die Zusammenstellung der Fächer – von Religion bis Handarbeit – an ihrer späteren Rolle als Ehefrau und Mutter ausgerichtet war.

In den kleinen dörflichen Gemeinden waren es vielfach die Pfarrgemeinden, die Elementar-, Sonntags- oder Dorfschulen gründeten und Vikare

Geprägt von der Mühsal der täglichen Hausarbeit – Bäuerin beim Kartoffelschälen auf dem Hof

Die Arbeit einer „guten" Hausfrau ließ sich in den 1920er Jahren lernen – zum Beispiel in der Küche der Evangelischen Heil- und Pflegeanstalt Hephata in Mönchengladbach: Hier scheint ein gelungener Kuchen für strahlende Gesichter zu sorgen.

oder Küster damit beauftragten, die Kinder (womit mehrheitlich die Jungen angesprochen waren) christlich zu unterweisen und ihnen nach Möglichkeit auch die Grundregeln des Lesens, Schreibens und Rechnens beizubringen.

Es ist wohl noch nicht lange her, meine Tochter, daß du im Brautschmuck mit Myrthenkranz und weißem Schleier an deines Mannes Arm aus der Kirche zum ersten Male als Frau dein Haus betreten. Der Segen Gottes war durch die Hand des Priesters reichlich über dich ausgegossen und du fühltest dich überglücklich, voll der schönsten Hoffnungen. Sind deine damaligen Hoffnungen von dem geträumten häuslichen Glücke in Erfüllung gegangen?
Mußt du hier mit einem traurigen „Nein“ antworten, dann schiebe die Schuld daran, daß sie unerfüllt geblieben sind, ja nicht auf besondere Verhältnisse oder gar auf deinen Mann; sie liegt ganz gewiß an dir selber, weil es dir entweder an den nöthigen Kenntnissen, oder an den zur Begründung des Glücks nothwendigen Tugenden gefehlt hat.
Werde immer friedfertiger und sanftmüthiger! Bei dieser Mahnung – nimm es mir nicht übel, meine Tochter – muß ich dir zunächst zwei Lieblingsfehler der Frauen zeigen, welche die Todfeinde des häuslichen Friedens sind. Der erste heißt Herrschsucht. Gar manche Frauen sind nicht damit zufrieden, über Essen und Trinken, Möbel und Geschirre, Kleider und Wäsche zu regieren, sie wollen alles und auch – den Mann beherrschen; er soll sich nicht bloß ihren Wünschen, sondern auch sogar ihren Launen unterwerfen. Das ist aber die völlige Umkehr der von Gott gesetzten Ordnung.
Der Mann ist das Haupt der Familie, er ist Herr im Hause und muß als solcher auch von seiner Frau stets anerkannt und geachtet werden.
Der zweite Lieblingsfehler der Frauen ist die Rechthaberei. Immer das letzte Wort haben wollen, ist ein häßlicher Charakterzug, es zeugt von Eigensinn und Trotz und widerstrebt der Sanftmuth, der schönsten weiblichen Tugend, ganz und gar.

Mahnwort eines Seelsorgers an junge Hausfrauen, in:
Das häusliche Glück. 11. Aufl., Mönchengladbach/Leipzig, 1882

Die Einführung einer allgemeinen Schulpflicht wurde durchaus nicht von allen und uneingeschränkt begrüßt. Denn viele Kinder wurden gerade auf dem Land dringend als Arbeitskräfte gebraucht. Vor diesem Hintergrund sah sich die preußische Regierung noch 1874 gezwungen, in einer „Instruktion über die Schulpflicht“ klarzustellen, dass ein „Versäumnis des Unterrichtes … behufs Verwendung schulpflichtiger Kinder zu ländlichen oder gewerblichen Arbeiten“ nicht statthaft sei.

Alten Schuldokumenten ist zu entnehmen, dass bis ins 20. Jahrhundert hinein die Entlassung aus der Schule mit einer öffentlichen Prüfung (manchmal zusammen mit der Ersten Heiligen Kommunion) verbunden war: Gelehrt und geprüft wurden Religion, Lesen, Schreiben, Rechnen, Gesang und Turnen – für Jungen. Bei den Mädchen standen Nähen und Stricken im Vordergrund! Noch Anfang der 1930er Jahre beteiligten sich

beispielsweise die Schülerinnen der Volksschule in Korschenbroich an einer Obst- und Gartenbauausstellung mit Arbeiten zum Thema „Was liefert der Garten an Obst und Gemüse für eine vierköpfige Familie?“ und „Wie verwendet der Haushalt eine Einzelfrucht?“

Reinlichkeit als oberstes Gebot für eine gute Hausfrau – weiße Schürzen und Kopftücher inklusive

Die Lage ist ernst – Küche in einem Soldatenheim in Mönchengladbach Ende der 1930er Jahre

Wander-Haushaltungsschule des Kreises Gladbach.

Bescheinigung

für

Fräulein Martha Esser

über die Teilnahme an einem Lehrgang im Kochen und in der Hauswirtschaft.

M.Gladbach, den 20. Dezember 1928.

Der [redacted] Landrat

Die Haushaltungslehrerin

Arbeiten im Sommer, Lernen im Winter

Während für Jungen seit Ende des 19. Jahrhunderts vielerorts am Niederrhein ländliche und gewerbliche Fortbildungsschulen eingerichtet wurden, in denen sie über die Volksschulzeit hinaus und mit Blick auf ihre berufliche Ausrichtung unterrichtet wurden, etablierte sich Weiterbildung für Mädchen in so genannten „Haushaltungsschulen", die oft auf Kreisebene eingerichtet wurden und über die die zugehörigen Dörfer sukzessive mit Lehrgängen bedient wurden. In der Regel fanden diese Kurse in den Wintermonaten statt, weil dann die zupackenden Hände der Mädchen im Haushalt eher entbehrlich waren als im Frühjahr und Sommer, wenn in Feld und Garten jedes Familienmitglied gebraucht wurde. Mitte der 1930er Jahre wurden diese Kreiswanderschulen und die freiwilligen Kursangebote aufgehoben und durch Pflichtfortbildungsschulen in allen Orten ersetzt.

Dass Mädchen auch das Recht auf Zugang zu höherer Schulbildung – jenseits ihrer Befähigung zur Haushaltsführung – haben könnten, setzte sich als Gedanke erst im Zuge der Emanzipationsbewegung seit Ende des 19. Jahrhunderts durch: Außergewöhnlich ist der Fall der Stadt Wesel, wo 1852 ein Weseler Bürger, Philipp Friedrich Eversz, eine Reihe von Mitbürgern einlud, „sich gefälligst heute Nachmittag präsise (!) vier Uhr einfinden zu wollen" zu einer Besprechung „behufs der zu treffenden Einleitungen zur Errichtung einer höheren Töchterschule". Fast auf den Tag genau vier Monate später, am 7. Januar 1853, begann der Unterricht für die Schülerinnen der neu gegründeten evangelischen Höheren Töchterschule zu Wesel. Andernorts am Niederrhein brauchte es 20 bis 30 Jahre länger bis zur Gründung der ersten so genannten „höheren Mädchenschulen" – 1878 zum Beispiel entstand die erste in Düsseldorf, 1891 in Jülich, 1904 in Nettetal, ein Jahr später in Erkelenz.

In so genannten „Wander-Haushaltungsschulen" lernten junge Frauen auch die Technik des Einweckens.

Bildung für Mädchen und Frauen war in diesen Jahrzehnten somit vorrangig ausgerichtet auf deren spätere Rolle als Hausfrau. Parallel dazu vollzog sich gesellschaftspolitisch in dieser Zeit die Trennung von Haushalt und außerhäuslicher Tätigkeit. Bis ins 19. Jahrhundert hinein hatten vielerorts am Niederrhein in den bäuerlichen und kleingewerblichen „Familienbetrieben" familiärer Alltag und Erwerbstätigkeit im selben Umfeld stattgefunden – und ohne eine klare Aufgabenverteilung zwischen Männern und Frauen. Diese erfolgte erst im Zuge der Entstehung von gewerblichen Betrieben und industriellen Manufakturen, die Arbeitskräfte beschäftigten. Während die Zahl der Männer, die einer außerhäuslichen Tätigkeit nachgingen, rapide wuchs, rückte für die Frauen die Erledigung aller Tätigkeiten im Haushalt in den Vordergrund. Berufstätige Frauen waren in dieser Zeit die große Ausnahme – wenn überhaupt, waren es zumeist junge, unverheiratete Frauen aus den sozialen Unterschichten, die sich zum Beispiel als Dienstmädchen oder Magd in privaten Haushalten, auf großen Höfen, in Krankenhäusern oder Klöstern anwerben ließen.

Dass in jenen Jahrzehnten eine wahre Flut von Haushaltungs-, Koch- und sonstigen Lehrbüchern

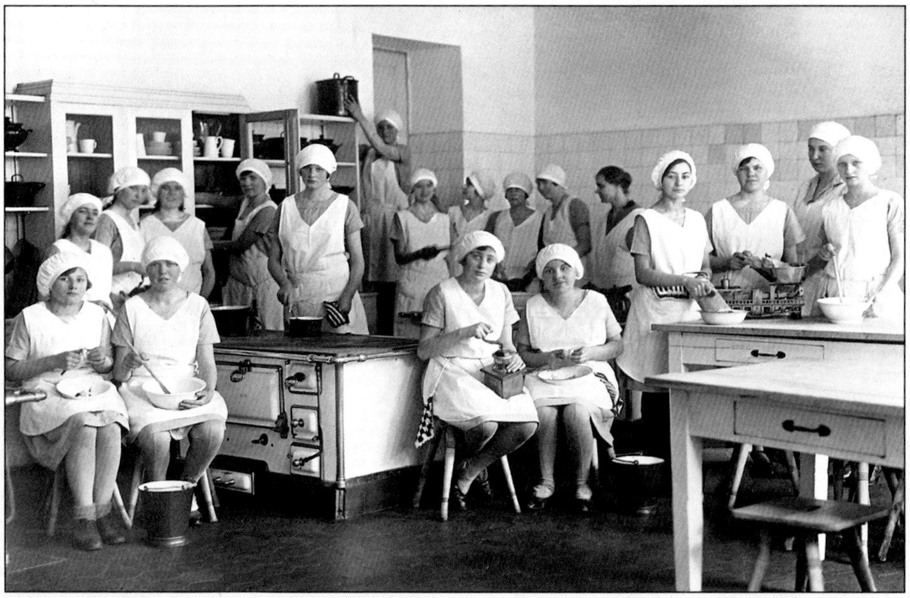

für angehende Ehefrauen und Mütter – mit den Büchern der Henriette Davidis an der Spitze – veröffentlicht wurde, ergab Sinn nur vor dem Hintergrund der Tatsache, dass Mädchen in wachsender Zahl auch des Lesens fähig waren. Die Inhalte dieser Bücher gingen weit über das hinaus, was Kochbücher nach heutigem Verständnis beinhalten: Sie boten selbstverständlich auch Rezepte für die Zubereitung schmackhafter Mahlzeiten – man erinnere sich: Es war in vielen bäuerlichen Haushalten die Zeit des Übergangs von der Feuerstelle mit den dort nur sehr eingeschränkten Eintopf-Variationsmöglichkeiten zum Kochen auf Kohle- oder Gasherd. Des Weiteren wurden vielfach konkrete Anleitungen für den Umgang mit der neuen Technik gleich mitgeliefert, für die man schließlich die Akzeptanz der (Haus-)Frauen benötigte. Nicht selten waren es daher auch die Hersteller von Gas- oder Elektroherden, Kühlschränken oder sonstigen Geräten selbst, die sich als Herausgeber von Haushalts-Büchern betätigten. Schließlich erhielten die Hausfrauen und Mütter auch Anleitungen in den Belangen praktischer Hygiene und

wurden über den Zusammenhang zwischen Hygiene und Gesundheit aufgeklärt: Es ist kein Zufall, dass die zahlreichen historischen Aufnahmen aus den verschiedenen Haushaltsschulen und -kursen die Mädchen und jungen Frauen immer mit weißen Häubchen und wei-

Und weit und breit kein Mann – Haushaltsführung war bis weit in die 1970er Jahre (fast) ausschließlich Frauensache.

Auch das Haus Underberg versorgte die Hausfrauen mit vielen praktischen Tipps rund um den Haushalt.

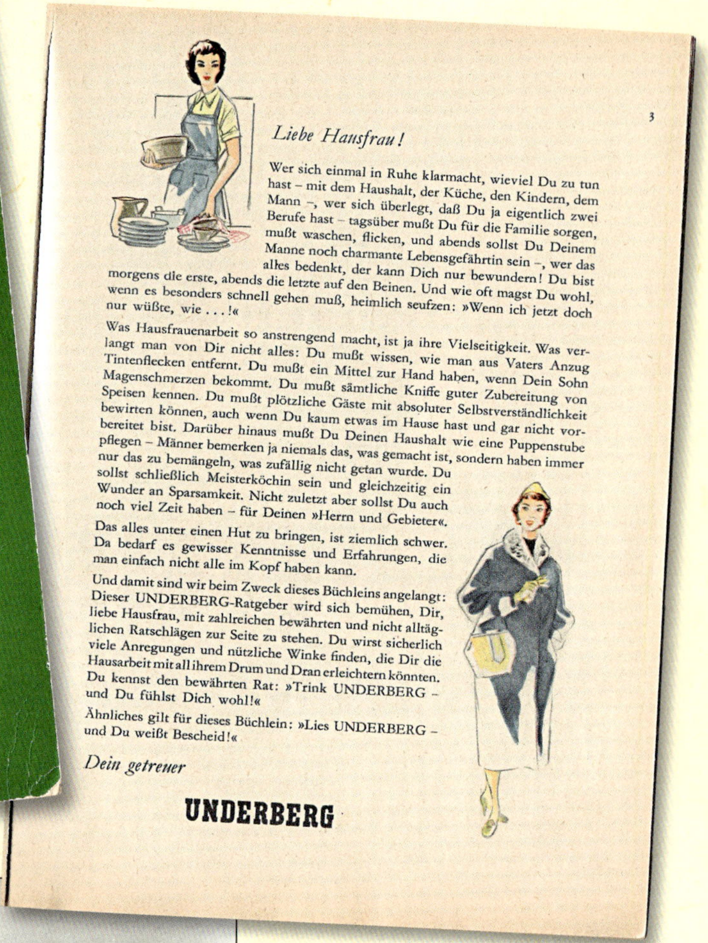

3

Liebe Hausfrau!

Wer sich einmal in Ruhe klarmacht, wieviel Du zu tun
hast – mit dem Haushalt, der Küche, den Kindern, dem
Mann –, wer sich überlegt, daß Du ja eigentlich zwei
Berufe hast – tagsüber mußt Du für die Familie sorgen,
mußt waschen, flicken, und abends sollst Du Deinem
Manne noch charmante Lebensgefährtin sein –, wer das
alles bedenkt, der kann Dich nur bewundern! Du bist
morgens die erste, abends die letzte auf den Beinen. Und wie oft magst Du wohl,
wenn es besonders schnell gehen muß, heimlich seufzen: »Wenn ich jetzt doch
nur wüßte, wie . . . !«

Was Hausfrauenarbeit so anstrengend macht, ist ja ihre Vielseitigkeit. Was ver-
langt man von Dir nicht alles: Du mußt wissen, wie man aus Vaters Anzug
Tintenflecken entfernt. Du mußt ein Mittel zur Hand haben, wenn Dein Sohn
Magenschmerzen bekommt. Du mußt sämtliche Kniffe guter Zubereitung von
Speisen kennen. Du mußt plötzliche Gäste mit absoluter Selbstverständlichkeit
bewirten können, auch wenn Du kaum etwas im Hause hast und gar nicht vor-
bereitet bist. Darüber hinaus mußt Du Deinen Haushalt wie eine Puppenstube
pflegen – Männer bemerken ja niemals das, was gemacht ist, sondern haben immer
nur das zu bemängeln, was zufällig nicht getan wurde. Du
sollst schließlich Meisterköchin sein und gleichzeitig ein
Wunder an Sparsamkeit. Nicht zuletzt aber sollst Du auch
noch viel Zeit haben – für Deinen »Herrn und Gebieter«.

Das alles unter einen Hut zu bringen, ist ziemlich schwer.
Da bedarf es gewisser Kenntnisse und Erfahrungen, die
man einfach nicht alle im Kopf haben kann.

Und damit sind wir beim Zweck dieses Büchleins angelangt:
Dieser UNDERBERG-Ratgeber wird sich bemühen, Dir,
liebe Hausfrau, mit zahlreichen bewährten und nicht alltäg-
lichen Ratschlägen zur Seite zu stehen. Du wirst sicherlich
viele Anregungen und nützliche Winke finden, die Dir die
Hausarbeit mit all ihrem Drum und Dran erleichtern könnten.
Du kennst den bewährten Rat: »Trink UNDERBERG –
und Du fühlst Dich wohl!«

Ähnliches gilt für dieses Büchlein: »Lies UNDERBERG –
und Du weißt Bescheid!«

Dein getreuer

UNDERBERG

Hauswirtschaft gehörte zu den Fächern, die an Mädchengymnasien bis in die 1970er Jahre hinein noch unterrichtet wurden – wie hier im Mädchengymnasium am Geroweiher in Mönchengladbach.

ßen Schürzen zeigen! Makellose Sauberkeit wurde zur obersten Maxime für jede „gute" Hausfrau – und der Zustand des Haushalts zum Gradmesser für die Annäherung an das Idealbild der „fleißigen, ordentlichen, sauberen Hausfrau" erklärt.

Ein eindrucksvolles Beispiel für eine solche „Rundum"-Belehrung ist das 1881 in Mönchengladbach vom Verein „Arbeiterwohl" herausgegebene Büchlein „Das häusliche Glück. Vollständiger Haushaltungsunterricht nebst Anleitung zum Kochen für Arbeiterfrauen". Es war das erste „Koch"-Buch überhaupt, das sich speziell an Arbeiterfrauen und Arbeiterinnen richtete. Dass es in Mönchengladbach erschien, erklärt sich aus der rasanten industriellen Entwicklung der Textilstadt Mönchengladbach und aus der, weit über den Niederrhein hinaus reichenden, Rolle der in dieser Stadt beheimateten, konfessionell gebundenen Arbeiterorganisationen („Verein Arbeiterwohl", „Volksverein für das katholische Deutschland"). Dem Rezeptteil vorangestellt wurden einleitende Bemerkungen, u. a. die eines Mönchengladbacher Seelsorgers, der in aller Deutlichkeit vor allem an die Moral der Frauen appellierte und sie nachdrücklich auf ihre dienende Rolle für Familie und Ehemann einschwor: Die gedankliche Verknüpfung, die sich dabei aus der Zusammenschau von weiblicher Natur bzw. Bestimmung, Moral, Haushaltsführung und Familienglück ergab, spiegelte in eindrucksvoller Weise ein Frauenbild, das bis weit ins 20. Jahrhundert hinein fortwirkte.

Ein Essener Befragungsinstitut hat Anfang diesen Jahres in zwölf Großstädten der Bundesrepublik in den Haushalten erforscht, daß durchschnittlich 28 Prozent der verheirateten Frauen berufstätig sind. Diese Feststellung hat allgemein Aufsehen erregt. Warum arbeiten diese 28 Prozent der verheirateten Hausfrauen und was wird aus ihren Haushalten, um die sie sich nicht mehr in erwünschter Weise kümmern können? Gehen diese Frauen einem Beruf nach, weil sie von der Hausfrauenarbeit nichts verstehen, weil sie ihnen zuwider ist, weil sie die Hausfrauenarbeit zu gering einschätzen, weil ihnen der Beruf bares Geld in die Hände drückt? Oder sind sie dem Haushalt durch ihren Beruf vor der Ehe so entfremdet, daß sie lieber im Büro oder in der Fabrik bleiben? Aber auch in Deutschland gibt es „Kavaliere". Sie haben erkannt, wie ihre Frauen, und nicht nur die berufstätigen und mitschaffenden, angespannt arbeiten müssen, um das Tagespensum zu erledigen. Eine Befragung ergab, daß die Hälfte der deutschen Ehemänner nach Möglichkeit im Haushalt hilft. Rund ein Drittel allerdings tut nichts. Alltags hilft jeder fünfte und sonntags fast jeder zweite Mann seiner Frau in der Küche und im Haus, nicht etwa nur mit Kohlentragen. Man sagt sogar, daß Ehen mit geschirrspülenden Männern besonders glücklich seien.

NEUSS-GREVENBROICHER-ZEITUNG,
14. APRIL 1956

Zwar änderte sich die Situation der Frauen im Verlauf des 20. Jahrhunderts im Hinblick auf ihre Erwerbstätigkeit, vor allem insofern, als sie in expandierenden spezifischen Frauenindustriebereichen (z. B. Textilien, Nahrungs- und Genussmittel etc.) in immer größerer Zahl gebraucht wurden. Auch als „Ersatz" für fehlende Männer – im Umfeld der zwei Weltkriege – war ihre Arbeitskraft gern gesehen.

Ein nachhaltiger Fortschritt in der Ausbildung, der Frauen auch Zugang zu höher qualifizierter und besser bezahlter Erwerbstätigkeit ermöglichte, zeichnete sich allerdings erst in den Jahrzehnten nach dem Ende des Zweiten Weltkrieges ab.

Im Hinblick auf die erforderliche weibliche Arbeitskraft in Haushalt und Küche änderte sich damit jedoch wenig: Die Frau war und blieb die Verantwortliche für die dort zu erledigenden Aufgaben. Ihr oblag die Last, im Zweifel Beruf und Familie miteinander zu vereinbaren, trotz Erwerbstätigkeit sich auch als „gute Hausfrau" nichts zuschulden kommen zu lassen, Kinder und Ehemann keinesfalls zu vernachlässigen. Und die Diskussion darüber, wie es hier zu einer besseren – gerechteren – Aufgabenverteilung zwischen Frauen und Männern, Müttern und Vätern kommen könnte, ist bis heute noch nicht zu einer allgemein befriedigenden Lösung gelangt. ■

Geschichte zum Anfassen

Niederrheinische Heimatmuseen setzen „Küchen-Akzente“

„Wannen, Butten, Gelten, Schöffer,
Büchsen zu dem Salz und Pfeffer,
Messer, Gabeln, Löffel, Pfannen,
Töpfe, Flaschen, Krüge, Kannen,
Holz und Kohlen, Feuereisen,
Schwefelfaden, Zunder, Schleisen,
Mörser, Öl- und Essigständer,
Bratspieß, Rost und Bratenwender,
Blasbalg, Dreifuß, Stürzen, Seiher,
Mehl, Fleisch, Butter, Schmalz und Eier,
Teller, Schüsseln, groß und klein,
müssen in der Küche sein.“

J. P. Wich, Steckenpferd und Puppe, 1843

In keinem anderen Raum des Hauses haben sich über die Jahrhunderte hinweg so viele Gerätschaften und Ausstattungsgegenstände angesammelt wie in der Küche. Mit ihrer Hilfe lässt sich der „Prozess der Zivilisation" (Norbert Elias) in einzigartiger Anschaulichkeit nachvollziehen. Das ist e i n e Erklärung dafür, dass in so vielen Museen mit Ausrichtung auf Alltagskultur und deren Geschichte Küchen und Kücheneinrichtungen eine so zentrale Rolle spielen.

Hinzu kommt die besondere emotionale Rolle, die die Küche im Leben vieler Menschen spielt. „Liebe geht durch den Magen", heißt das, ebenso simpel wie nachvollziehbar, im Sprichwort. Ähnlich hat es Otl Aicher beschrieben, einer der führenden deutschen Gestalter der Nachkriegszeit mit ausgeprägter Küchen-Leidenschaft: „In der Küche ist der Mensch ein soziales Wesen. Die Küche ist eine Funktion der sozialen Natur des Menschen." Der hohe Erinnerungswert von Kücheneinrichtungen und -geräten liefert daher eine weitere Erklärung dafür, dass so viele heute museale Objekte die Generationen überdauert, in Kellern und auf Speichern überlebt und inzwischen den Weg zu Sammlern oder in Museen gefunden haben.

Davon legen auch zahlreiche niederrheinische (Heimat-)Museen Zeugnis ab. Von Kranenburg bis Korschenbroich und vom Selfkant bis nach Dinslaken erstreckt sich ein nahezu flächendeckendes Netz von Einrichtungen, die dazu einladen, sich auf Spurensuche rund um die niederrheinische Küche zu begeben. Ob Irdenware oder Butterfässer, alte Kohleherde, Emaillegeschirr oder Einweckkessel – sie alle haben, ehe sie zu musealer Beschaulichkeit fanden, Generationen von Menschen am Niederrhein in ihrem Alltag begleitet und unterstützt. Und wenn sie erzählen könnten, von ihren vormaligen Besitzern und deren Freud und Leid, vom Küchenleben in einem ländlichen Haushalt, von Mangel und Überfluss, von schwerer Arbeit und familiärer Gemeinschaft in der Küche – sie könnten Bände füllen ...

Der „Prozess der Zivilisation" lässt sich mit der Geschichte der Küche und ihrer Ausstattung ausgezeichnet veranschaulichen.

Heimatstube Aldekerk

Das Fachwerkhaus im Ortskern von Aldekerk, das nach der sorgfältigen Sanierung seit 1997 eine Heimatstube beherbergt, ist ein herausragendes Beispiel für den städtischen Hausbau des 17. Jahrhunderts am unteren Niederrhein. Das Innere des Hauses bietet Einblick in das bürgerliche Leben direkt nach dem Ende des 30-jährigen Krieges. Besonders eindrucksvoll und in dieser Form nur noch selten zu sehen: Das Erdgeschoss wird von einer doppelten Herdstelle, einem so genannten Bussem, beherrscht.

Im ersten Stockwerk erinnern die komplette Setzerei aus einer ehemaligen örtlichen Druckerei, die Werkstatt des letzten Holzschuhmachers und die 100 Jahre alte Kamera aus dem ehemaligen Fotogeschäft an die gewerbliche Vergangenheit des Ortes und seine frühere Bedeutung als Mittelpunkt der „Aldekerker Platte".

Kontakt:
Heimatstube Aldekerk
Hochstraße 70, 47647 Kerken-Aldekerk
Tel.: 0 28 33 / 14 80 oder 72 85 oder 45 58
Fax: 0 28 33 / 60 11 59

Öffnungszeiten:
So 10.30 – 12.30 Uhr

Archäologischer Park Xanten

Seit der ersten Hälfte des ersten nachchristlichen Jahrhunderts entstanden am Niederrhein zuerst militärische Lager wie das heutige Neuss (Novaesium), Asberg bei Moers (Asciburgium), Krefeld-Geldern (Gelduba), Dormagen (Dormagus) oder auch Bonn (Bonna). Der Ausbau dieser Lager ging einher mit dem Entstehen von zahlreichen zivilen Siedlungen und Landgütern, die u. a. auch von den Militärveteranen bewirtschaftet wurden. Es entstanden aus Militärlagern entlang des Rheins bedeutende Städte wie das heutige Köln (Colonia Claudia Ara Agrippinensium) oder Xanten (Colonia Ulpia Traiana).

Der Niederrhein und das Hinterland waren wichtige Ausgangspunkte für friedliche und insbesondere wirtschaftliche Kontakte mit Germanien. Hier entstanden wichtige Bauwerke für die hohen Ansprüchen genügende Infrastruktur an Straßen, Wasserversorgungsleitungen, wie z. B. die technologisch bahnbrechende Wasserversorgung von Köln über eine ca. 50 Kilometer lange Leitung aus der Eifel, Brückenbauten, die z. T. bis ins Mittelalter als Hauptverkehrswege genutzt wurden, sowie moderne Handwerksbetriebe, die schon fast unter nahezu industriellen Bedingungen große Mengen von Rohstoffen, Baustoffen, Metallwaren, Töpfererzeugnissen und andere Produkten fertigten. Zahlreiche Funde aus dieser Zeit dokumentieren einen hohen zivilisatorischen und technologischen Stand, der in diesem Gebiet nach dem Zerfall des römischen Reiches erst im Mittelalter wieder erreicht wurde.

In der heutigen Städtelandschaft (wie z. B. Köln, Neuss, Aachen oder Xanten) und den Verkehrswegen (z. B. die Bundestraße 9) im Rheinland lassen sich auch nach fast 2.000 Jahren diese Strukturen noch an vielen Stellen wiederfinden. Die Zeit der römischen Herrschaft hat am Rhein nicht nur Überreste oder Spuren hinterlassen, sondern der Region einen auch heute noch sichtbaren deutlichen Stempel aufgedrückt. Im Archäologischen Park Xanten wurden zur Veranschaulichung dieser Epoche einige Bauten teilrekonstruiert oder als Modell in einstiger Originalgröße an Ort und Stelle aufgebaut und ausgestattet. Aber auch originale Reste der römischen Anlagen sind zu sehen – inklusive eines aufschlussreichen Einblicks in römische Küchenkultur und Vorratshaltung.

Kontakt:
Archäologischer Park (APX)
Wardter Straße 2, 46509 Xanten
Telefon 0 28 01 / 29 99

Öffnungszeiten:
1. März – 31. Oktober:
täglich von 9.00 – 18.00 Uhr
1. November – 30. November:
täglich von 9.00 – 17.00 Uhr,
1. Dezember – 28. Februar:
täglich von 10.00 – 16.00 Uhr

Wie die Römer am Niederrhein ihren (Küchen-)Alltag organisierten, lässt sich in Xanten nachvollziehen.

Stadtscheune Kranenburg

Die Stadtscheune in Kranenburg ist ein quadratischer Backsteinbau mit Walmdach aus dem 18. Jahrhundert. Er ist ein Überbleibsel von ehemals etwa 30 bäuerlichen Anwesen innerhalb der Stadtmauern, in dem nunmehr alte Handwerksgeräte sowie bäuerliche Geräte ausgestellt werden.

Im Kranenburger Raum hatte und hat auch heute noch die Milchwirtschaft einen hohen Stellenwert. Im Zusammenhang mit der Frage nach Tätigkeiten im Umfeld der Küche interessant sind die ausgestellten Geräte zur häuslichen Butterherstellung, wie sie noch vor 50 Jahren üblich waren.

Kontakt:
Museum Katharinenhof/Stadtscheune
Neustraße 4
47559 Kranenburg
Tel.: 0 28 26/9 20 14
E-Mail:
heinz.pawelke@museumkatharinenhof.de

Öffnungszeiten:
Di–So 14.00–17.00 Uhr

Grafschafter Museum im Moerser Schloss

Seit 100 Jahren verfügt die Stadt Moers im ältesten Gebäudekomplex der Stadt, der Schlossanlage, über ein Museum, das in zahlreichen Themenräumen regionale Geschichte aufbereitet.

Neben einem ehemaligen Kolonialwarenladen, einem Biedermeierzimmer, einem bäuerlichen Wohnraum und einem Raum mit Irdenware präsentiert das Museum in einem eigenen Bereich auch unterschiedlichste Hausgeräte – von der Krautschabe bis zum Kaffeeröstofen – und vor allem eine ganze Reihe von Herden, die die Entwicklung von der offenen Feuerstelle bis zum schmucken Emailleofen des späten 19. Jahrhunderts dokumentieren. Dazu gehört auch das seltene Exemplar einer Kochkiste!

Kontakt:
Grafschafter Museum im Moerser Schloss
Kastell 9
47441 Moers
Tel.: 0 28 41/2 80 94
Fax: 0 28 41/2 80 95

Öffnungszeiten:
Di – Fr: 9.00–18.00 Uhr
Sa, So, Feiertag 11.00–18.00 Uhr

Gusseiserne Takenplatten, an der Wand hinter der Feuerstelle befestigt, dienten der Wärmeleitung.

Feuerstelle, Öfen, Butterfässer und Bartmannskrüge erzählen im Grafschafter Museum Küchengeschichte.

Museum Burg Linn

Der Krefelder Stadtteil Linn beherbergt ein vielseitiges Museumszentrum, zu dem die Reste der eigentlichen Burg Linn ebenso gehören wie ein schmuckes Jagdschlösschen und das Niederrheinische Landschaftsmuseum.

Küchengeschichte wird hier über einen gewaltigen historischen Zeitraum präsentiert: Denn im Museum kann der Besucher die Fundstücke einer eisenzeitlichen Küche (ca. 500 v. Chr.) ebenso besichtigen wie Küchengerätschaften, Töpferwaren und Gläser aus römischer Zeit.

Das barocke Jagdschloss, in der Vorburg der Burg Linn gelegen und im 18. Jahrhundert für Kurfürst Clemens August errichtet, enthält neben verschiedenen Krefelder Bürgerzimmern des 18. und 19. Jahrhunderts auch eine vollständig erhaltene Küche mit kompletter Einrichtung.

Kontakt:
Museum Burg Linn
Rheinbabenstraße 85
47809 Krefeld
Tel.: 0 21 51 / 57 00 36
Fax: 0 21 51 / 57 19 72

Öffnungszeiten:
montags geschlossen,
Di – So (1. 4. – 31. 10.)
10.00 – 18.00 Uhr
Di – So (1. 11. – 31. 3.)
11.00 – 17.00 Uhr

Mit vielen seltenen Stücken ist die Küche im Jagdschloss der Burg Linn ausgestattet. Hier kann der Besucher auf Entdeckungsreise gehen.

Niederrheinisches Freilichtmuseum Grefrath „Dorenburg“

Im Jahre 1973 eröffnete der Kreis Viersen das Museum in Grefrath. Zahlreiche Fachwerkhäuser und Objekte der bäuerlichen und handwerklichen Kultur des Niederrheins aus vorindustrieller Zeit erhielten in diesem Museum eine bleibende Heimat. Das Niederrheinische Freilichtmuseum erfüllt über die Sammeltätigkeit und Präsentation zum Leben und Arbeiten am Niederrhein in vortechnisierter Zeit auch eine wissenschaftliche Aufgabe, nämlich Hausforschung zu betreiben und die ländliche Lebensweise wie auch das alte Handwerk zu dokumentieren.

Die Küche in der Dorenburg zeigt vielerlei historisches Kücheninventar, von der Irdenware bis zur Backform.

Das Herzstück des Museums ist die Dorenburg, eine Wasserburg, deren Geschichte bis auf das Jahr 1326 zurückverfolgt werden kann. Sie beherbergt Exponate zur bürgerlichen und adligen Wohnkultur des Niederrheins.

Über die niederrheinische Küche in ihren verschiedenen Entwicklungsstufen, über den weiten historischen Weg von der offenen Feuerstelle bis zum Herd, über Küchengerätschaften und Küchenausstattung lässt sich bei einem Besuch des Museums eine Menge erfahren. Die einst zentrale Bedeutung des Küchenraums für die ländlich-bäuerliche Wohnkultur lässt sich in den wieder errichteten Hofanlagen eindringlich nachvollziehen.

Kontakt:
Niederrheinisches Freilichtmuseum Grefrath
An der Dorenburg 28
47929 Grefrath
Tel.: 0 21 58/9 17 30
Fax: 0 21 58/91 73 16

Öffnungszeiten:
Di – So, Mo geschlossen,
März: 10.00 – 16.00 Uhr,
1. April – 31. Oktober:
10.00 – 18.00 Uhr,
November:
10.00 – 16.00 Uhr,
Winterschließung 1. Dezember bis Ende Februar

Feuer und Wasser bildeten die Grundelemente auch der niederrheinischen Küchen.

Heimatmuseum Schiefbahn

Das Heimatmuseum Schiefbahn hat in Räumlichkeiten auf dem Gelände des St.-Bernhard-Gymnasiums eine Heimat gefunden.

Zahlreiche größere und kleinere Küchengerätschaften – von der alten Küchenwaage bis zum Rührfix aus den 1950er Jahren – sind dort zu besichtigen. Besonders instruktiv ist eine komplette Waschküche samt Einrichtung, die eine Vorstellung vermittelt von der Mühsal der Waschtage in alter Zeit.

Kontakt:
Heimatmuseum Schiefbahn
Albert-Oetker-Straße 98
47877 Willich-Schiefbahn
Tel. 0 21 54 / 69 86

Öffnungszeiten:
Jeden 2. So 10.00 – 12.00 Uhr

Von der Kaffeekanne bis zum Schöpflöffel: Emaille eroberte die niederrheinische Küche im Sturm.

An anstrengende Waschtage erinnert in Schiefbahn ein eigener Raum.

Bauernmuseum Selfkant

Die Gemeinde Selfkant liegt im westlichsten Zipfel Nordrhein-Westfalens. Ein Ausflug in die Region sollte unbedingt auch einen Besuch im Bauernmuseum mit einschließen: Denn dort lassen sich in einem außergewöhnlichen (Hallen-) Ambiente nicht nur Traktoren, Dreschmaschinen, Pflüge und andere Arbeitsgeräte des bäuerlichen Alltags besichtigen, auch eine Bauernküche (mit einem ganz außergewöhnlichen, lindfarben emaillierten Kohleherd) und zahllose Küchengerätschaften sind hier ausgestellt.

Neben der Ausstellungshalle befindet sich ein „Alter Backes", ein Steinofen, in dem an jedem ersten Sonntag im Monat Brot und Kuchen nach Omas Rezepten gebacken werden.

Kontakt:
Bauernmuseum Selfkant
Kämpchen 16 a
52538 Selfkant
Tel.: 0 24 56 / 50 82 91
Fax: 0 24 56 / 50 95 30

Öffnungszeiten:
Von April bis Ende Oktober
Mi und So 13.00 – 18.00 Uhr,
an jedem 1. So im Monat ist Backtag.

Eine Vielzahl selten gewordener Küchengerätschaften hat im Selfkanter Museum ein neues Zuhause gefunden. Hier bekommt man ein Gefühl dafür, wie mühsam viele Haushaltstätigkeiten noch vor wenigen Jahrzehnten waren.

Städtisches Kramer-Museum

Das Kramer-Museum in Kempen, benannt nach dem Restaurator und der Sammlung Konrad Kramer, ist in den eindrucksvollen Räumlichkeiten eines ehemaligen Franziskanerklosters untergebracht. Hier kann man einen umfassenden Einblick in niederrheinische Wohnkultur vergangener Epochen bekommen. Zu den Besonderheiten des Museums gehört die alte, noch original eingerichtete Klosterküche.

Kontakt:
Städtisches Kramer-Museum
Burgstraße 19, 47906 Kempen
Tel.: 0 21 51 / 91 72 64

Öffnungszeiten:
Di – So 11.00 – 17.00 Uhr
Do 11.00 – 19.00 Uhr

Eine umfangreiche Sammlung, bestehend aus Möbeln, Kunstgewerbe und Gemälden vom 16. bis 20. Jahrhundert, bietet dem Besucher einen umfassenden Einblick in die niederrheinische Wohnkultur.

Tuppenhof

Museum und Begegnungsstätte für bäuerliche Geschichte und Kultur, Kaarst

Grundlage des 1999 eröffneten Museums sind die historischen Gebäude selbst, wobei das Wohnstallhaus von 1705/09, die Scheune und das Torhaus aufgrund ihres Alters von zentraler Bedeutung sind. In den einzelnen Gebäudeteilen werden Geschichte und Kultur bäuerlichen Lebens seit Ende des 17. Jahrhunderts erfahrbar gemacht, wobei der Schwerpunkt durch Exponate gebildet wird, die originär vom Tuppenhof stammen.

Die Küche als das „warme Herz des Hauses" bildet einen zentralen Bereich des Museums. Die rekonstruierte gemauerte Feuerstelle, die Exponate zum Thema „Arbeiten in der Küche", nicht zuletzt die in einem Nebenraum untergebrachte Waschküche vermitteln ein eindrucksvolles Bild von der Komplexität von Küchen- und Hausarbeit in Zeiten vor der Technisierung und Elektrifizierung ländlicher Haushalte.

Kontakt:
Tuppenhof
Museum und Begegnungsstätte für bäuerliche Geschichte und Kultur
Rottes 27
41564 Kaarst
Tel.: 0 21 31 / 51 14 27
Fax: 0 21 31 / 15 33 54

Öffnungszeiten:
Mai – Oktober jeweils Sa und So
11.00 – 18.00 Uhr

Die Küche mit dem angrenzenden Waschraum bildet einen zentralen Bereich des Museums.

Heimatmuseum Bislich

Im Mai 1983 eröffneten die Bislicher Bürger ihr Heimatmuseum. Es ist keine unveränderbare Einrichtung, sondern ein lebendiger Ort, an dem die Zeugnisse der Vergangenheit zusammen-

getragen werden, um die Lebensbedingungen und Lebensweisen unserer Vorfahren am Niederrhein einer größeren Öffentlichkeit zu erschließen.

Im Bislicher Museum erwarten den Besucher gleich zwei Kücheneinrichtungen, zum einen eine offene Herdstelle, wie sie auf (größeren) Höfen bis zum Ende des 19. Jahrhunderts in Gebrauch war, zum anderen eine Kücheneinrichtung mit Ausstattungsteilen aus der ersten Hälfte des 20. Jahrhunderts.

Außerdem errichteten 1987 einige Mitglieder des Heimatvereins nach historischem Vorbild ein Backhaus im Hofbereich des Museums. Schnell fand sich eine Gruppe Interessierter, die es nun beherrschen, dem Ofen köstliches Brot und duftenden Streuselkuchen zu entlocken.

Größere Gruppen können mit der Backgruppe einen Termin zur Vorführung des historischen Backvorgangs vereinbaren.

Kontakt:
Heimatmuseum Bislich
Dorfstraße 24, 46487 Wesel
Tel.: 0 28 59 / 15 19
E-Mail: museum@bislich.de
Termine und Preise bitte bei Deli Schweers, Telefon 0 28 59 / 12 10, oder bei Paul Maciejewski, Telefon 0 28 59 / 15 37, erfragen.

Öffnungszeiten:
Ostern – September:
sonn- und feiertags 10.00 – 16.00 Uhr
mittwochs 14.00 – 16.00 Uhr
Oktober bis Ostern:
sonn- und feiertags 14.00 – 16.00 Uhr

Heimatmuseum Süchteln-Viersen

1929 wurde das erste Heimatmuseum der damals noch selbständigen Stadt Süchteln eingerichtet. Den Grundstock für die Dauerausstellung boten zahlreiche Schenkungen engagierter Bürger. Nach dem Zweiten Weltkrieg wurde das Museum in einem alten Fachwerkhaus, dem Jakobsgut, neu eröffnet. U. a. verfügt das Haus über viele Beispiele bäuerlicher und bürgerlicher Wohnkultur aus dem 18. und 19. Jahrhundert. Die Küche mit der offenen Feuerstelle und den diversen Küchengerätschaften aus Keramik, Kupfer, Messing und Zinn vermittelt einen Einblick in einstige Küchen-Alltagskultur.

Kontakt:
Heimatmuseum Süchteln-Viersen
Probsteistraße 15
41749 Viersen
Tel.: 0 21 62 / 84 13

Öffnungszeiten:
Mai – September So 11.00 – 12.30 Uhr

Heimatmuseum Korschenbroich

Das Heimatmuseum Korschenbroich ist im ehemaligen, aus dem 19. Jahrhundert stammenden, Bahnhofsgebäude des Ortes untergebracht, das zum Kulturbahnhof um- und ausgebaut wurde (2005 eröffnet). U. a. beherbergt es einen Raum, der eine kleinbürgerliche (Wohn-)Küche aus der Zeit der Wende vom 19. zum 20. jahrhundert zeigt. Schmuckstück des Raums ist ein weiß emaillierter Kohleofen. Zahlreiche Küchengeräte gewähren Einblick in die vielfältigen Tätigkeiten der Hausfrau in der Küche, vom Zubereiten der Mahlzeiten bis zur (über-)lebenswichtigen Vorratshaltung.

Kontakt:
Heimatmuseum Korschenbroich
Im Kulturbahnhof
Am Bahnhof 2
41352 Korschenbroich
Peter-Josef Stefes, Telefon 0 21 61 / 64 04 06

Öffnungszeiten:
So 14.00 – 17.00 Uhr

Die bürgerliche Wohnstube gibt einen Einblick in den Alltag der Menschen.

Niederrheinisches Museum für Volkskunde Kevelaer

Das Niederrheinisches Museum für Volkskunde und Kulturgeschichte in Kevelaer wurde 1910 begründet. Seine Sonder- und Dauerausstellungsbereiche stellen ein volkskulturelles Bilderbuch der Region dar. Hier ist die bäuerliche und bürgerliche Sachkultur der Region zwischen Niederrhein und Maas zuhause und präsentiert den Alltag und Festtag in Arbeitsgeräten aus Handwerk und Landwirtschaft, in Inneneinrichtungen und Wohnsituationen, anhand zum Beispiel auch von Schützensilber, Rauchutensilien, Fensterbierscheiben und anderen Sachobjekten. Wer sich speziell für das Thema „Küche" interessiert, sollte ein besonderes Augenmerk richten auf die Back- und Konditormodeln (Sammlungen Marga Flock, Anni und Paul Müllejans) sowie auf die herausragenden Bestände des Museums auf dem Gebiet der Keramik, besonders der Niederrheinischen Irdenware (Fundus M. Buyx und Stiftung G. Stockhausen).

Kontakt:
Niederrheinisches Museum
für Volkskunde und Kulturgeschichte e. V.
Hauptstraße 18, 47623 Kevelaer
Tel.: 0 28 32/95 41-0
Fax: 0 28 32/95 41-44

Öffnungszeiten:
Täglich außer montags von 10.00 – 17.00 Uhr, auf die Feiertagsregelung wird von Fall zu Fall hingewiesen.

Lehrerhaus Friemersheim

Das 1806 errichtete Küsterwohnhaus gegenüber der Dorfkirche diente ursprünglich auch als Dorfschule. Nach dem Anbau von zwei Klassenräumen im Jahre 1848 zog hier der damalige Dorfschulmeister mit seiner Familie ein. Das Lehrerhaus, in dem sich bis 1958 eine zweiklassige Volksschule befand, liegt in dem unter Denkmalschutz gestellten Friemersheimer Dorfkern. Seit 1983 nutzt der „Freundeskreis Lebendige Grafschaft e. V." das sanierte Gebäude als Heimatmuseum. In den restaurierten Räumlichkeiten wird die Wohnkultur zu Beginn des 20. Jahrhunderts dokumentiert. Der Besucher erhält Einblick in die Lebenswelt des Dorflehrers und seiner Familie mit Grafschafter Wohnstube, „Schlopkamer" und „Deel". Auch eine umfangreiche Kücheneinrichtung ist dabei zu besichtigen.

Kontakt:
Lehrerhaus Friemersheim
Friemersheimer Straße 21
47229 Duisburg (Rheinhausen)
Tel.: 0 20 65 / 4 05 80
Fax: 0 20 65 / 2 06 33
E-Mail: jordaan@t-online.de

Öffnungszeiten:
Sa und So 14.00 – 18.00 Uhr

Einblick in die Lebenswelt des Dorflehrers und seiner Familie: das Lehrerhaus Friemersheim

Wie es Euch

Niederrheinische Küchen heute

Die Küche und das Kochen werden zu einem Zentralbereich der Lebenskultur. Und da Arbeit immer den Charakter von Arbeit beibehalten wird, kommt es darauf an, der Ausstattung der Küche die Animation einer Handwerksstube zu geben, die Qualifikation des Professionellen, so dass es auch wieder Spaß macht, Hand anzulegen. Und Handanlegen wird es immer sein. Den Segen der Industrialisierung dürfen wir inzwischen darin erkennen, dass sie uns Zeit verschafft, viel Zeit, wieder Hand anlegen zu können. Die handwerkliche Kultur mit ihrem besonderen Qualitätsstandard kommt wieder, diesmal zur Hintertür herein. Wer gut essen will, muss Hand anlegen. Anders versinken wir in der langweiligen Schönheit der Massenproduktion und der Serienfertigung.

Otl Aicher, Die Küche zum Kochen, 1982

gefällt

Die Küche am Niederrhein hat ihr Gesicht in den vergangenen zwei Jahrzehnten einmal mehr verändert. Nach den Jahren vorwiegend sterilweißer Einbauküchen und kleinteiliger „Werkräume“, in denen kaum mehr Platz war als der, der zur Vor- und Nachbereitung der Speisen erforderlich war, erfährt die Küche als Lebensraum, als Treffpunkt der Familie, als Ort des geselligen Beisammenseins mit Freunden eine gewaltige Renaissance. Das ist am Niederrhein nicht anders als überall sonst in deutschen Landen. Allerdings ist hier die Erinnerung an jene Zeiten, in denen die Küche genau jene zentrale Funktion hatte, in vielen Familien noch lebendig. Nicht zufällig erfreuen sich im „schnieken“ Ambiente einer hochmodernen Hightech-Küche der alte Schrank aus Omas Küche, die immer noch funktionstüchtige Kaffeemühle oder die Emaillekanne mit einer 100 Jahre alten Geschichte großer Beliebtheit – schlagen sie doch die Brücke zwischen zwei Epochen, die eine Menge Gemeinsamkeiten aufzuweisen haben.

Küchen, die heute neu eingerichtet oder neu gebaut werden, zeichnen sich nicht mehr nur durch perfekte Küchentechnik aus, sondern auch durch ihre attraktive Wohnqualität. Küchenmöbelhersteller bieten dafür eine schier unendlich große Auswahl an Kücheneinrichtungen jedweden Stils: Minimalistisch, puristisch, traditionell oder futuristisch, emotional oder kühl, verspielt oder elegant – alles ist machbar und möglich. Auch die Architektur trägt dieser neuen Liebe zur Wohnküche Rechnung – mit großzügigeren Flächen, die Platz für Kochinsel und Esstisch lassen, und mit offenen oder zumindest halboffenen Raumkonzepten, die fließende Übergänge zwischen Koch-, Ess- und Wohnbereich schaffen. So schließt sich in manchem Fall fast schon wieder der Kreis zu den Einraumküchen aus grauer Vorzeit.

Die nahezu unbegrenzten Gestaltungsmöglichkeiten lassen größtmöglichen Spielraum für Individualität. Jeder kann heute in seiner Küche nach seiner Facon glücklich werden. Das gilt für den Raum und dessen Einrichtung ebenso wie für die Tätigkeiten, die dort zwischen Spüle, Herd und Esstisch verrichtet werden. Längst hat die Küche auf diese Weise die Neutralität schierer Funktion hinter sich gelassen: Wie jemand seine Küche gestaltet, wie er in ihr wohnt und lebt und arbeitet und kocht, gewährt einen tiefen Einblick in Persönlichkeit und Lebenskultur.

Die Diskrepanz zwischen Stadt und Land, einst im Sinne eines „Gefälles“ gedacht zwischen den fortschrittlichen städtischen Zentren und den eher verhalten reagierenden, konservativen, dem Zeitgeist „hinterherhinkenden“ Dörfern, hat sich dabei vielerorts in ihr Gegenteil verkehrt: Wer es lebensbiographisch möglich machen kann, bevorzugt ein Domizil „auf dem Land“, wo die Natur vor der Haustür beginnt und die Versorgungskette gerade für frische Produkte vom Feld oder aus dem Garten in die eigene Küche extrem kurz ist. Dieser Prozess ist augenscheinlich noch längst nicht an seinem Ende angekommen: Die Wiederentdeckung alter Konservierungstechniken, die Rückbesinnung auf die bodenständige Küche der Mütter und Großmütter, die Neukultivierung fast vergessener Gemüse-, Obst- und (Wild-)Kräuterarten, nicht zuletzt die Freude am gemeinsamen Kochen als kreativer Freizeitbeschäftigung – sie alle haben gerade erst begonnen und sind zweifellos noch für manche Überraschung gut.

Keine Frage also: Es bleibt spannend in den niederrheinischen Küchen.

Herzlich danken möchte ich den Museen und Archiven am Niederrhein sowie allen privaten Leihgebern, die zum Entstehen dieses Buches nachhaltig beigetragen haben. Ein besonderer Dank gilt meinem Mann, Christoph Küsters, der meine Küchen-Exkursionen mit großem Engagement begleitete und den fotografischen Grundstock für dieses Buch lieferte.

Rita Mielke

Bildnachweis

Titel: Christoph Küsters; Rückseite links u. 118/119: Ursel Borstell; Heimatmuseum Bislich: Seite 114; Archiv Borutzki, Duisburg: Seite 32 u. l.; Museum Büdingen: Seite 47; Archiv Esser, Korschenbroich: Seite 78; Gustav Freydt (aus "Niederrrheinische Küche", Mercator-Verlag): S. 117 u.; Frey Sanitär, Esslingen: Seite 64; Hartmut Friesen: Seiten 16, 19; Archiv Geischer, Kevelaer: Seite 45; Archiv Hückelhofen, Geldern: Seiten 68 o., 74, 82 u.; Archiv Kaiser's/Tengelmann: Seite 50 o.; Stadtarchiv Korschenbroich: Seiten 58, 59, 77 u., 91 o., 91 u.; Christoph Küsters: Seiten 8, 10, 15 u. r. (Xanten), 17 (Krefeld), 23, 26 o.(Kevelaer), 26 u. (Korschenbroich). 27 (Kevelaer), 30 (Burg Linn), 31 (Moers), 34 (Moers), 36 (Selfkant), 41 (Archiv Weuthen, Korschenbroich), 42/43 (Selfkant), 44 r. (Kaarst), 49 (Kevelaer), S. 53 o. l. (Schiefbahn), 53 o. r. (Moers), 53 u. l. (Selfkant), 53 u. r. (Moers), 55 (Selfkant), 56 (Krefeld), 57 (Schiefbahn, Selfkant), 60 o. l. (Neukirchen-Vluyn), 60 o. r. (Selfkant), 60 u. (Kaarst), 61 (Kaarst), 62 (Dinslaken), 62/63 (Schiefbahn), 63 (Selfkant), 64 (Aldekerk), 65 (Kempen), 70 (Kaarst), 77 o. (Kaarst), 77 Mitte (Kaarst), 82 o. (Kaarst), 100–113, 115, 116, 117 o., 118, 119; LWL-Landesmuseum f. Kunst und Kulturgeschichte, Münster: Seite 39; Archiv Mielke: Seiten 13 u., 18, 22, 25 o., 29, 32 o./u. r., 40 u., 43, 67, 79, 80 o., 84, 87, 89 o., 96 o.; Archiv Meuser, Korschenbroich: Seiten 93 u., 94; Stadtarchiv Mönchengladbach: Seiten 90, 91 Mitte, 92, 93, 96 u.; Archiv Niesytto, Korschenbroich: Seite 95; Archiv Pommer, Korschenbroich: Seite 28; Clemens Reinders: Seite 80 u.; Siemens Corporate Archives, München: Seite 89 u. l./u. r.; Archiv Sondermann, Schermbeck: Seiten 35 u., 40 o. ; Stadtarchiv Viersen: Seiten 10/11, S. 25 u., 37, 44 l., 46, 50 u.; Privatarchiv Weber, Mönchengladbach: Seite 9; Archiv Firma Weck, Wehr Seiten 68 u., 85, 86; PIXELIO: S. 12: Lars Kunze; S. 13 l.: Templermeister; S. 14 u. l.: Peter Bauer; S. 15 o. l.: Templermeister; S. 24: 110stefan; S. 48: motograf; S. 49 r.: memephoto; S. 54 u.: Stefan Krause; S. 66 l.: C. Nöhren; S. 67 o. r.: creativeraven; S. 69 r.: Verena N.; S. 71: Xenia Kehnen; S. 72 o.: Michael Bührke; S. 72 u. l.: Edith Ochs; S. 72 u. r.: qay; S. 73 o.: Harald-KU; S. 73 u.: Claudia Hautum; S. 74 l.: bbroianigo; S. 75: Michael Jurman; S. 83: dragonlady; S. 88: montrean; S. 98: qay; S. 99 o.: illusionist; S. 99 u.: Hans-Peter Reichartz (Das Urheberrecht liegt bei den Fotografen.)

Die Rezepte